わが恋は
栄芝一代の芸

栄芝
葛西聖司／文

淡交社

聞き手のまえがき――

「あら、恥ずかしいわよ」

葛西聖司

これを本書のタイトルにしようと思っていた。栄芝《えいしば》さんの口癖だ。自分のことを語る時、飾りっけなくポンポン話す。どれも、物語だと思うことが多かった。はじめから聞き書きをしようと思っていたわけではない。劇場でばったりお会いして、お茶を飲んだり食事の時の会話が実に楽しい。舞台の感想や芸の話が多いのだが、時おりまじるプライベートの話題も痛快だ。そうだ、聞き取っておくと小唄や端唄の世界の証言にもなると思い、現在は休刊した月刊誌「邦楽の友」(邦楽の友社刊)で連載をスタートした。ところが、コロナの時代になり、演奏会は開かれなくなり、隔月刊行となり、また出版元の守屋《もりや》幸則《ゆきのり》社長の急死もあって、結局、休刊してしまった。折しも栄芝さんが90歳を迎えたころだった。

栄芝さんは、世の中の年齢とは違って、お元気で大勢のお弟子さんに慕われ、コロナの間も新しい稽古場を準備したり、生き生きしている現役演奏家だ。その記録を真剣にまとめたいと思い淡交社に相談した。幸い、今回の上梓につながってゆくのだが、半分は連載原稿を元にしながらも、今回新たに書き下ろした。

栄芝さんからは「自慢話は書かないでね」「これはまずいわ」の注文がしきりだったが、だれに遠慮することもない立場なのにと思いながら、お気持ちを尊重して筆をすすめた。なにより書きたかったのは世に「栄芝節」といわれる独特の芸風がどう生まれ、どう耳に響くかということだ。わたし自身が納得したかった。

「よく、ここまで聞き取ってくれたわねえ」

なによりの誉め言葉もいただいた。唄声を文字であらわす難しさはあったものの、書いているうち耳に響いてくる、本物の芸がそこにはあった。本書で栄芝さんを知った方には巻末に記載した音源から、栄芝節を味わっていただきたい。資料作成では（公財）日本伝統文化振興財団の大野壽子さんに大変ご苦労をおかけしたことに感謝申し上げる。92歳の今年も新譜を出した驚異の音楽家、栄芝こと春日とよ栄芝の世界を拙文とともにお楽しみいただければと思う。

もくじ

本書は、月刊および隔月刊「邦楽の友」(邦楽の友社)の連載「栄芝　一代の芸」をもとに加筆、再編集したものです。

協力　風間杜夫
波乃久里子
二代目猿若清方
本條秀太郎
(一財)小唄 春日会
(一財)日本音楽著作権協会
(公財)日本伝統文化振興財団
ビクターエンターテイメント株式会社

★春日の女性名取の「とよ」は本来「𛂦よ」だが「とよ」で統一した。

第一章

芝は根を張り

端唄の鶴八鶴次郎

「本條さんと初めて仕事したのはNHKの番組ね、テレビだったの」本條さんとは本條秀太郎のこと。長唄や端唄、民謡などさまざまな三味線を学び「俚奏楽《りそうがく》」という一流をたてた。本條の師匠、藤本琇丈《ひでお》は演奏者として研究者として斯界に名を残すひとり。栄芝も数回共演している。藤本は常磐津、長唄からはじまり、端唄、民謡、うた沢などジャンルを超えた三味線の名手。本條はその才能の感化を受けている。栄芝と分野違いでも共演できる下地が両者にはあった。この番組での出会いから始まった二人の関係は、ともに磨き合い、高め合い、ゴールデンコンビと呼ばれるまでになる。しかし蜜月は続かない。栄芝にいわせれば「鶴八と鶴次郎みたいなもんよ」という。川口松太郎の名作『鶴八鶴次郎』のこと。新内節《しんないぶし》の女流三味線が人気の鶴八。鶴次郎は美声の浄瑠璃語り。芸を競い合い売れっ子のコンビとなってゆくが、芸の上での口喧嘩が絶えず、結局コンビ別れする。それを惜しむ贔屓《ひいき》の後押しもあり再び檜舞台での共演が大評判になるものの……、というドラマチック芸道ドラマ。しかし、そのコンビ別れの背後にはともに惹かれ合う男女の愛憎があるところだけが違う。

本條の才能を栄芝の夫、実業家の山下公爾男《くにお》が応援していた。それゆえ栄芝と本條は、互いに「息子であり母」といい合う仲なのである。だが親しさと芸道は違う。片や端唄の家元、片や俚奏楽の家元。目指す道と考えの違いが火花を生じ疎遠になった時期も長い。しかし、時が経てば経つほど「本條さんが、やはり最高ね」。この栄芝の思いは変わらない。ＣＤや放送での共演の多さは群を抜いていることがその証《あかし》である。

博多での初めての出会いはこうだった。栄芝が唄うのは「博多節」。普通に唄う企画だった。沖縄出身の担当ディレクターに「それじゃ面白くないわね」。ラジオの時代から放送に参加している栄芝は、単に制作側の要望にこたえて唄うのではなく、自ら提案をする。「だめもとでいうのよ。生意気って思われてもいいの。中身がよくなりゃそれでいいんだから」「もやもや思いながら演奏するよか、すっきりするでしょ」文字にすると高飛車なものいいに見えるかもしれないが、腹蔵のない江戸っ子の語り口。さっぱりした気性と長年の蓄積がいわせる言葉だ。演出家は「ではどうしますか？」と聞く。即座に「一番と二番の間に何か入れて変化をつけるといいわね」。つまりアンコだ。すると本條が「ありますよ『毛剃《けぞり》』の手なんかどうでしょう」。この一言で、栄芝は一目置く。「あら、たいした人だわ（内心の声）」。「毛剃」は海賊の名前で歌舞伎の主人公。大船の舳先《へさき》に一人立ち腰に手を当て演じる「潮見《しおみ》の見得《みえ》」が有名だが。栄芝がさすがと思ったのは「毛剃」の本外題が「博多小女郎浪枕《はかたこじょろうなみまくら》」だからだ。まさに博多節に入れるのにはぴったり。するとディレクターが「あの……、時間が伸びると……」と口ごもる。博多節一曲の収録時間は限られている。こんどは栄芝の出番「あら、なんでもないわよ、二番全部唄わなきゃいいんだから、合方《あいかた》のあと二番の三行目までカットすりゃいいのよ、最後の一行だけ唄えば、きれいにおさまるでしょ？」。相手のこと、放送のこともよく考えた上での判断。これで決まり。放送内容が充実したことはいうまでもない。

ことほど左様に本條秀太郎のすばらしさが初共演の時から栄芝の心に残る。本條の才能は作曲でも次々に花開いてゆく。ふたりの意見が食い違って、ぽんぽん会話ができなくなった時期でも、録音や放送の依頼は来る。当人同士は連絡を取り合わない。栄芝はディレクターを通じて譜面だけを渡された。その手が素晴らしかった。「やっぱり本條さんはすごい、なにがなんでも覚えて唄わなきゃ」と栄芝も必死。難しい節回しに挑戦したこともあった。会話や打ち合わせがなくても生の三味線と生の唄の鍔競《つばぜ》り合《あ》いがあった。そうした共演がＣＤや放送番組にもたくさん残っている。今だからいえるが妥協がない芸の上での意地の張り合い、すれ違いも実は楽しかった。そんな、本條秀太郎とでなければなしえなかった作品の思い出は、いずれ詳しく記することにする。

浅草育ち

栄芝は東京の浅草生まれ。わたしがＮＨＫ時代取材で知り合ったころも、姿が華や

舞踊を始めて間もないころ、
藤娘のいで立ちで

三歳での七五三

女学校でどうしても
演じたかった役、
『加賀見山再岩藤』の岩藤

かで会話もそつがなく、ちゃきちゃきしている様子から、元芸者さん？ お座敷に出ていたのかなと思ったが違っていた。NHK出演常連の名人、日本橋きみ栄や市丸は芸者だった。栄芝は浅草芸者の友人が多く舞台で芸者姿の扮装をしたことはあっても勤めはしていない。

浅草雷門をくぐると仲見世。浅草寺の参道だ。そこに喜久屋という団子や大福を商う甘味店がある。栄芝の実家だが、生まれた時は同じ屋号でも帯締めや半襟を商う和装小物の店で観音様のご利益もあり繁盛していた。祖父の代からというからとうに百年は超えている。昭和7年（1932）長女として生まれたので屋号そのままに本名は喜久子となった。

下町の商家の娘の稽古事は舞踊。6歳で花柳《はなやぎ》流の手ほどきを受けた。店先で稽古をさらう愛嬌ある姿はお茶目で「看板娘」にもなった。日本舞踊はさまざまな三味線音楽との出会いでもある。しかし、少女時代は戦時下。疎開も経験し迎えた戦後。女学生になったころ長唄を六代目杵屋勝五郎に学ぶ。勝五郎は東京藝術大学を卒業した美声で知られた唄方《うたかた》。栄芝曰《いわ》く「『二人椀久《ににんわんきゅう》』なんかステキだったわ」。その師が小唄の魅力を実際に唄って教えてくれた。『初雪』だった。

〽初雪に振り込められて向島　二人が中に置炬燵《おきごたつ》

その艶っぽさ。「小唄っていいな」と思う。しかし十代。戦後の浅草は楽しいことがいっぱいだ。娯楽のさまざまが花開いていた。レビュー、洋画、音楽喫茶。「アタシ、不良だったのよ」。今の着物姿からは想像もつかない活発な栄芝は、女学生仲間とダンスホールにも出入りしジャズも楽しんだ。厳しい校則のお嬢さん学校だったが、飯田橋のローラースケート場によく通った。友達は紺のオーバーコートに黒の靴。栄芝だけは白と茶色と朱色のチェックのコートに茶色の靴でショートヘア！

そんなおきゃんな娘時代に別れを告げ、二十歳のころ春日とよ栄《えい》に入門。本格的に小唄に取り組むことになる。師匠の名から春日とよ栄芝《えいしば》の名を許されるのが27歳。「芝」のほかに「枝」「姿」が候補だったが、一番地味な「老けた名」の「芝」を自ら選んだ。枝は折れる、姿は衰える。芝は根を張り緑が広がる。まさにたくさんの弟子、孫弟子に成長してゆく栄芝一門。それを予見していたのか、三味線方だった師匠は家元・春日とよに学ぶようにすすめ、晩年のとよ師のもとで学ぶ。思い出は厳しい大師匠でありながら毎回、なぜか着物を褒めてくれたことと、味のある声が素敵だった。しかし間もなく他界。すぐに当時、飛ぶ鳥落とす勢いのとよ福美《ふくみ》に師事。これも妹が習っていた縁が幸いした。

二十代の若さで、自分の会を開きたいという野望が栄芝にはあった。すでに弟子も抱えていた28歳。「栄芝会」を旗揚げ。浅草の小さな会館で第一回を開く。「若いくせに生意気といじめられなかったんですか?」とつい聞いてしまったが、それはなかったという。それより自分の芸に未熟さを覚えた。たしかにキレイな声は出るし、高い音も出た。しかし小唄の味がないと気づいたのだ。とよ、とよ福美。この巨星たちは美声ではない。ところが味わいが違う。それに近づきたいと考えた。

そんなおり、とよ師の追善演奏会が上野の東京文化会館大ホールで三日間も開かれた。春日会はそれほどの大流派だった。門弟の端っこ「ぺえぺえ」でしかなかった栄芝のチャンスは大和楽《やまとがく》の「舟遊女」を唄ったこと。とよ福美師がタテ。自分は四人の合唱パートで山台の予定だった。ところがワキが休演。急遽ワキをつとめた。これを聞いた人が栄芝の才能の片鱗を認め、声の訓練をしなさいとアドバイスした。今でいえばボイストレーニングを勧めたのだ。紹介してくれたのは高名なオペラ歌手、原信子だった。日本人で初めてミラノ・スカラ座に出演し、團伊久磨のオペラ『夕鶴』のつうを初演している。原は声楽家だけでなく幅広い弟子を抱えていたため、栄芝にも洋楽の発声法を指導していった。メロディーを歌うのではない。ひたすらピアノの鍵盤に合わせて「アー」という単調なレッスン。邦楽関係の人たちも受けていたが長続きしない。有名歌手との出会いがよかったのではなく、栄芝はこの単調なレッスンに何年も通うのである。ここが他の人とは一線を画す。天才肌で器用にこなしてしまう印象の栄芝だが、実は根気強い。大和楽のあの合唱や輪唱の音程のたしかさも三十代のこの学びが天性の声に磨きをかけたのだ。このように音楽性が広がり、小唄の世界にはとどまらなくなった。演劇の舞台やラジオなどに出してもらえるようになる。さまざまな人間関係の枝も広がり、小唄以外の音曲を身の内に財産として修め十年の歳月が流れてゆく。

そして昭和44年、栄芝会十回記念演奏会を日本橋三越劇場で開き、のちにリサイタル会場になる縁がスタートする。同時にクラウンレコードと専属契約を結ぶことになった。小唄の春日とよ栄芝としてレコードデビュー。輝かしい進展期を迎えたかに見える。しかし好事魔多し《こうじまおお》し。さまざまな軋轢《あつれき》に出会う入り口となった。翌年の日本万国博覧会に世間が沸くころ。四十代を前にした栄芝の波乱の歳月の幕開きとなり、それがまた新たな出会いへと続いてゆく。

第二章

レコードデビューの明暗

踊って唄って……

「ねえ　ちょっと何曲か唄ってちょうだい」

三味線の豊藤《とよふじ》に呼ばれていきなり、歌詞を書いたものものなしに唄わされた。場所はクラウンレコードのスタジオ。豊藤の夫君がディレクターだった。居並ぶ関係者の前でいきなりのオーディションだったのだが、三十代後半の栄芝は度胸があった。いわれるままに「春雨」「潮来出島《いたこでじま》」など豊藤の三味線で臆することなく唄った。栄芝は花柳《はなやぎ》流の名取《なとり》でもあり、娘たちに小唄振りを弾き唄いで教えていたので、歌詞はすべて覚えていた。

結果はもちろん合格。クラウンレコードからデビューすることになり、ジャケット写真撮影など順調に運んだ。そんなジャケットの一枚を見てほしい。「日本髪」である。栄芝は芸者ではないが家業ゆえ少女時代から日本髪に親しんでいたし、舞踊もしていたので鬘《かつら》姿も自然にできた。一方、レコード会社は歌手というよりタレントを求めていた。ビクターには市丸、ポリドールに日本橋きみ栄、コロンビアに赤坂小梅など大スターがいた。いずれも鶯《うぐいす》芸者といわれ、お座敷からデビューした人気者。クラウンも同じような路線を求めていた。端唄「梅にも春」だけでなくお座敷民謡で「阿波踊り」も吹き込んだ。当時はシングルレコード、ドーナツ盤といわれるもので300円くらいだったろうか。五枚ほど立て続けに出した。

業界ではまだ若い栄芝になぜ吹き込みの話が舞い込んだのか。これには愉快なエピソードがある。

イイノホールで端唄の会があった。ゲストに後の人間国宝になる長唄の杵屋佐登代《さとよ》も出る豪華なステージに呼ばれた。条件は日本髪の鬘をつけてということだけ。「奴さん」「きんきらきん」など四曲を唄った。センターマイクで立って唄う演出。このとき栄芝の「おちゃめな目立ちたがり屋」精神が働いた。上手《かみて》袖から登場の時、踊りながら出てきたのだ。舞踊をやっていたから自然に身体が動いた。センターまで行って唄い、また引っ込みは振りをつけて退場。客席は湧いた。先輩たちの中には「あの小娘！」と腹の中で恨んだ人がいたかもしれないが、「楽しければいいんじゃない？」のノリと瞬時の判断。これは第一章に書いたテレビ番組での演出変更提案と同じで栄芝の実力でもあった。この公演がきっかけで、長唄の名人、杵屋佐登代と親交を結ぶことになったが、その時、演奏していた豊藤が栄芝を「発見」したのだ。夫の会社が新しいタレント歌手を発掘したいと聞いていたので、あのオーディションになったという次第。行動することで新たな人脈を作ってゆく栄芝のスター性を垣間見るデビューであった。

これが昭和44年（1969）。自分で始めた「栄芝会」第十回の年。小唄演奏家にとって晴れ舞台の日本橋・三越劇場で記念公演を開くことができた。その「まきもの（記念品）」の袋に、できたばかりのレコードが入れられたことは当然のなりゆき。まさにめでたい年でもあった。三越劇場での栄芝会はその後、毎年開かれることになる。

しかし……。好事魔多《こうじまおお》し。考えてもみない出来事がおきる。レコード会社事件である。当時、春日会の小唄はビクターから出すのが当然だった。それも家元を筆頭に選ばれた先輩が専属だった。ところが若手の栄芝はクラウン。それも一枚きりではなく毎年、出し続けていたことにクレームがついた。なぜなら小唄の世界で大切なイベント「ビクター祭り」があるからだ。「クラウン所属の歌手は出せない」。春日会幹部からのお達しは当然のこと。いじめではない。しごくまともな注意である。当然、ビクターのイベントも含め、春日会ではまだまだ若手の栄芝には出演のチャンスは回ってこない。端唄やお座敷民謡ではなく小唄の春日とよ栄芝でレコードを出している以上しかたのないこと。事実上、春日会から「ほされた」状態が続く。それは八年後、クラウンとの契約満了となるまで、ちょうど十年の月日が流れるのである。

前回書いた波乱の十年間というのが、ここにあたる。小唄界で経験を積もうにも場がない。だが、そんな中でも慌てず騒がず、弟子への稽古も続け栄芝会も毎年とぎれることなく実績を重ねる。それは手をさしのべる人や新たな出会いがあったからだ。

他流試合

まずは大和楽《やまとがく》。山田喜久子の本名で出演依頼があり、場数を踏んだ。大和楽は実業家の大倉喜七郎が大正期から昭和初めにかけて創始した新しい時代の三味線音楽。西洋のコーラス形式などを取り入れ大人気になる。栄芝が原信子にすすめられて舞台に立ったころ唄では三島儷子《れいこ》がスターだった。「團十郎娘」などのしっかりした語り口調が得意だった。栄芝は原信子から学んだ西洋風の発声を生かし、コーラスの要となってゆく。誰について学んだわけではなく、聞き分ける耳で参加する演奏会。毎回の舞台での生演奏が学校だった。のちに大和楽は二派に分かれ、栄芝は三味線の伊能初枝《いのはつえ》、セツ美《み》姉妹について活動は続いてゆく。

そのころ、地唄にも出会った（上方では地歌と表記）。名人富崎春昇《とみざきしゅんしょう》は人間国宝で文化功労者。昭和33年に亡くなっているが、その娘、富美代《ふみよ》が父の幅広い活動の一端を受け継ぎ演奏だけでなく作曲活動もさかんに行っていた。地唄は上方の文化。江戸小唄を学んだ栄芝には対極の世界。なぜ富美代との付き合いが始まったのか。これも知人が「東宝歌舞伎」で一曲唄ってくれないかという誘いから。小唄でも端唄でもない、舞台音楽の演奏依頼だった。「東宝歌舞伎」は長谷川一夫、山田五十鈴、淡島千景らの大物看板俳優が演じる人気公演。「ああそうなの」とまたまた参加。はじめは「東山」、舞妓姿の俳優たちが踊る場面。東京宝塚劇場が仕事場になった。そうした「劇伴《げきばん》」といわれる劇場用伴奏音楽を作曲、演奏していたのが富崎富美代であった。富美代と門人の箏、三絃で栄芝は「唄」を唄うことになった。もちろん「黒髪」など純粋な地唄も稽古して唄えるようになった。こうして「東宝歌舞伎」の常連になり、さらに昭和41年（1966）、新築開場した帝国劇場では山田五十鈴主演の芝居が華やかに幕を開けていた。その劇伴も富崎富美代の担当。オープニングからエピローグまで最低でも五場面の舞台音楽を富美代が作曲する。録音締め切りぎりぎりに渡されて、目の前で譜面を覚えさせられるという修羅場を何回も経験した。若い栄芝にも意地があった。なにがなんでも唄って見せる。特に演出家の榎本滋民《しげたみ》が連続して作った、山田五十鈴の「美女絵巻」シリーズには毎回参加した。「千姫」「清姫」「高尾太夫」古典芸能でおなじみのヒロイン。ありものの三味線音楽ではなくオーケストラ演奏も交えたドラマチックな曲も唄った。

ある時、録音した音源を流しながらの舞台稽古に栄芝は立ち会った。オープニングを見ながら心の中で「地味だわね」「これでいいのかなあ」と思ったが口にはしない。しかし榎本が同じことを発言。「入れなおそう」ということとなり、富美代からは「唄いやすいように唄ってください」と許しを得たので思い切って派手に大和楽風に唄って成功。録音は一度で済んだ。

「あたし、ずうずしいのよ。小さいころから芝居見てるでしょ。わかるのよねえ」

もちろん好評でこのあとも帝劇での仕事は続いた。

ラジオもテレビも

「ほされていた」と冗談交じりに語る栄芝に、こうした仕事の依頼は絶えなかった。なぜか。ひとつには放送番組への出演もあるだろう。決して自分で売り込んだのではない。どこかで誰かが見て聞いていた。かつてのイイノホールの豊藤と同じ。ましてやクラウンから毎年レコードは出る、劇場に出演している。人に知られる機会は多い。

はじめはラジオのニッポン放送。これも弟子の結婚式でお祝いに三味線を弾き唄いした。たぶん祝辞のスピーチが面白かったのではないか。宴席にアナウンサーの村上正行がいた。なんとわたしがNHK採用試験受験のため通っていたアナウンサー学校での恩師である。落語が好きで軽快なしゃべりは人気だった。村上は栄芝に直接、出演依頼した。これもひとこと「いいわよ、なにすんの?」。「三味線だけ持ってきてくれればいいですよ」。こんなやりとりで成立。台本なし。問われれば答え、笑っては口ずさむ。場慣れした江戸っ子娘と江戸落語大好きアナウンサーのコンビの15分番組「小唄おさらい帖」は評判になり、早朝番組のレギュラーになる。この放送を江戸小唄社の社長、磯部東籬《とうり》が聴いた。入院していた病院で偶然に聴いたという。それが気に入られ江戸小唄社主催の演奏会に春日会のメンバーとは別枠の出演を確保してくれた。

ニッポン放送の次はNHK。「お好み邦楽選」を担当していた文学座の俳優、加藤武とのコンビ。新劇俳優ながら歌舞伎など伝統芸能通。この番組で意気投合。やはりふたりのアドリブ会話が楽しかった。正月特別枠では昭和53年の先行番組時代から古今亭志ん朝と担当していた新内《しんない》の富士松鶴千代、長唄の芳村伊十衛《いそえ》を呼んで四人で『白浪五人男』の名セリフを演じた。加藤は日本駄右衛門と南郷力丸。栄芝が「あたし赤星」と先に発言した。「赤星十三郎。色気があって好きなので先にいったの」特に「神輿《みこし》が嶽《たけ》、今日ぞ消える命の明け方に」の「神輿が嶽」でセリフを切らず「今日ぞ」と続けるところがいいたかったとか。放送という初めての場でもフランクにふるまえた。栄芝のこの自在さがテレビ出演でも発揮されてゆく。

テレビは民放もあったが全国に知られたのはＮＨＫ総合テレビ「ひるのプレゼント」。毎日、昼のニュースの後、生放送。昭和45年放送開始。ちなみにわたしも十一代目司会者として担当していた。栄芝は日本髪姿で立って唄った。これはイイノホール以来お手のもの。三味線は本條秀太郎の師匠、藤本琇丈《ひでお》。ＮＨＫが決めたコンビ。中でも忘れられないのは端唄「わが恋は」だ。

〽わが恋は　細谷川《ほそたにがわ》の丸木橋
渡るにゃ怖し　渡らねば　想うお方に　逢わりゃせぬ

栄芝が大好きな曲。しかし節回しがとても難しい。生放送の後、藤本が「あんな難しいもの、よく立って唄えたね」。これが栄芝にとって、なによりの勲章になった。小唄の世界で窮屈な思いはしていたが、一流の人と出会える喜び。なににもまさる幸運が、春日会での「空白の十年」を埋めてくれた。

そしてクラウンとの契約切れを待っていたかのようにビクターから声がかかり、専属になる。初めてのリサイタル「栄芝の会」も開催。大きな転機を迎えるのが昭和55年。ここからさらに飛躍する栄芝五十代の幕開きだ。芸の花が開いてゆく。

第三章

第一回リサイタル 昭和55年

じたばたしてもしょうがないでしょ？

48歳の秋だった。一筋の芸を貫く中で、小唄に留まらず、さまざまな三味線音楽を学んできた。それも名前をもらったという段階ではない、すべてプロとして山台に上り、タテをつとめてきた。そこで自分のさらなる勉強と飛躍のためにリサイタルを開きたい。数年前から考えてきた。以後三十五年続くことになる金字塔へとつながるのだが、誰の手も借りずにすべて一人で準備した。チラシを印刷したが劇場のホルダーケースとサイズが違い作り直したり、案内状も自力で発送した。一番のトラブルは三越劇場が使えないこと。これまで春のおさらい会「栄芝会」の会場として十年の実績がある。しかし貸してくれなかった。いわば「いじめ」である。格調の高さを誇っていた三越劇場ならではの「試験」だったのかもしれない。理不尽に思ったが相手の言いなりに、呉服橋にあった三越ロイヤルホールにした。これが、満席大盛況。３００を超える席がいっぱいになったのだ。「試験」と書いたのは支配人がこれをみて素直に謝罪し、翌年から三越劇場を使えるようになった。栄芝の実力の勝利という好結果になった。

「実力」は第一回の内容を見るとわかる。本流の春日の小唄はもちろん大和楽《やまとがく》「夜の梅」藤十郎の恋の物語だ。地唄は新作の「女人成仏」山田五十鈴の舞台から生まれた一曲。いまでは人間国宝になった清元清寿《きよもとせいじゅ》太夫《だゆう》が安珍で栄芝が清姫。富崎富美代《ふみよ》も共演。そしてなにより端唄は三味線が本條秀太郎。名人ばかりを揃えた豪華な発表会だった。

さすがに、前の晩は緊張で大変だっただろうと思って尋ねたら、

「アタシね、寝ちゃうのよ。よく眠れるの。じたばたしてもしょうがないでしょ?」

傲慢ではない。ふだんから稽古を重ねた自信からくる理想的な言葉だ。

「そのかわりね。リサイタル終わった夜は、頭の中がぐるぐるぐるまわるの」

この「ぐるぐる」はめまいではない。自分が選んだ共演者との一期一会の演奏曲。それが繰り返し再現され、眠れないという。そんな幸福な夜を送るために、以後

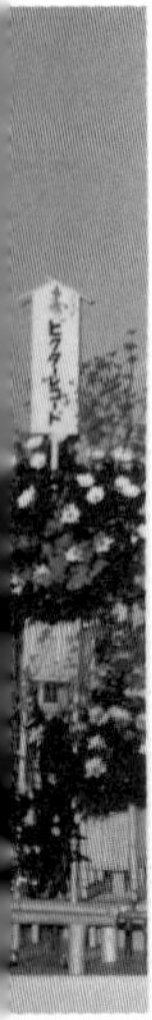

第一回リサイタル「栄芝の会」
（昭和55年／三越ロイヤルホール）

三十五年リサイタルを続けたのかもしれない。
「リサイタル前は楽しくてワクワクするのよ」栄芝のエネルギーの一端を知る思いだ。

思わぬ向かい風

第一回の成功から毎年恒例となるリサイタルだが再び問題発生。心中おだやかならざる空気が漂い始める。春日の一門から浮き上がってしまった。「出る杭」問題。当然だ。毎年満員になる三越劇場のリサイタルは先輩たちから睨まれた。悪いことは何もしていない。ただ目立ちすぎは嫉妬を呼ぶ。自分の道を追求すればするほど女性中心の狭い世界はコワイ。師匠たちにいくら礼儀を尽くしても、冷たい反応しか返ってこない。詳しくは語らないが、「これを乗り越えるまで三年かかったのよ」ともらすほどの仕打ちだったらしい。それはプログラムに毎回、ビクターの社長だった田口市蔵が文を寄せていること。専属だからではない。栄芝の弟子なのだ。歌謡曲、洋楽さまざまなレコードを出し邦楽演奏家や関係者と付き合いがある中、長唄は杵屋佐登代《さとよ》に、そして小唄端唄を栄芝に師事していた。「嫉妬の渦!!」わかる気がする。

三年という数字が出たのは第四回のプログラムを読むと、少し理解できる。邦楽研究家の館野善二が一文を寄せている。春日とよ栄芝として世に出た人だが自ら研鑽《けんさん》したさまざまな三味線音曲を「発酵」「消化」「血肉化」させた、これは「独唱会」なのだ。このところ「誤解」されているとも書いて、栄芝の芸を援護射撃している。

とまれ、レコードからCDへ、ラジオ、テレビ、そして舞台出演、いやな思い出を引きずる暇もなく、活躍の日々が続いた。

先代(初代)猿若清方との出会い

栄芝の会のプログラム題字は舞踊家の先代の初代猿若清方《さるわかきよかた》。第一回から客席で見守ってくれた。誰の力も借りず始めたリサイタルだが、第五回からは表紙絵、演出、そして「語り」まで参加してくれ、以後、企画、演出にその才を頼ることになる。故事来歴、歴史、文学はもちろん音曲に風習……。あらゆる分野に知識の広い清方は、舞踊の立方《たちかた》としてではなく、知恵袋として参画してくれた。

清方とはNHKのテレビ番組「邦楽百選」で地方《じかた》をつとめてからの付き合い。初めての演出テーマは「流れる」だった。

一部は「嘘と誠」「宇治茶」「川竹」など端唄を語りでつなぎ、「唄は世につれ、世は唄につれ」と世の流れを表現。二部は河の流れを小唄「五月雨や」「都鳥」など15曲。隅田川を舞台に構成。まさに見事な「流れ」を栄芝の強い喉は唄い切った。

90歳を超えて衰えを見せない栄芝節。その魅力は第一に声。しかし「美声」だけで片づけるにはもったいない。

「あたしね、調子やったことないのヨ」。調子とは声帯を傷め声が出なくなることだが、どれだけ唄いこんでも声枯れしない。天賦の宝物「笛」を持っている。もちろん普段から風邪をひかないように自己管理をするからだ。たった一度、気管支を傷めたという。リサイタルの直前だ。親しい邦楽研究者の小島美子《とみこ》に相談した。

「やっちゃったのヨ。どうしよう」としゃべる声に異常はない。自慢の高音がでない。小島は、「三味線を下げて、無理しないでおやんなさい」とアドバイス。ところが栄芝は、お客に申し訳ないと、幕前で「高いところが出ないんです。ごめんなさい」と挨拶した。舞台は客とも一期一会。ＣＤや放送を聴いて、初めて来てくれた客に悪いと思ったというプロ魂。

本番の「忠臣蔵十二段返し」は合方《あいかた》がなく、唄い続ける大作。それも江戸にあって京花街の作品。これを唄い上げた。その夜、小島女史からあった電話は、「あなた低音がすごくいいのね」の誉め言葉。実は音域がかなりある。思わぬ「怪我の功名」で株を上げた。

恩人夫婦

自己管理にはアドバイスもあった。リサイタルを始める数年前からアマチュアながら小唄の作詞、作曲も手掛け唄もかなりの腕前の夫婦と知り合いになった。警察関係の本業があるのでアマチュアではあるのだが、小唄各流派の家元たちも競ってこの夫妻の新曲を演奏するほどだった。栄芝を娘のようにかわいがってくれ、パパ、ママと慕い、月一回できたばかりの曲をどの流派の師匠たちより先に栄芝は稽古した。三人で新曲勉強会をしていた。栄芝自身もレパートリーを増やすことができ、この夫妻からさまざまな唄い方を学べた恩人だがリサイタル前に相次いで亡くなった。

栄芝の実家、浅草仲見世の喜久屋は現在甘味を商っているが、かつては和装小物を売っていた。毎年、大晦日は徹夜営業、それほど売れるわけではないが天下の仲見世通り、参拝客でごった返す。多忙な栄芝だが年末年始は店先に立った。普段はできない、親孝行と割り切っていた。立ち詰めでお客の応対。声も張り上げる。吹き曝《さら》しの店頭。冷え込みと乾燥、砂塵が舞いそして参拝客の群衆……。この現場を亡くなった夫妻の妻が見ていた。ひとこと「おやめなさい。栄芝さん、あなたはプロの演奏家よ、いくら自信があっても、自分の喉を守らなくてどうするの」。温かく厳しい忠告だった。それ以後、真の親孝行をするためにも、決して店に立つことはしなくなった。栄芝はこの夫妻にいまでも感謝の念を忘れない。人との出会いの豊かさと、耳を傾ける素直さ。誰でもが愛してくれるわけではなく、突然手のひらを返す人、試されるような仕打ちを受けたりしたこと、普通の人間関係にはありえない振幅の激しさに身を任せなければいけない時もあった。

こうして迎えた充実の五十代。世の中は昭和に終わりを告げ平成へと入ってゆく。

栄芝は夫君を迎え華やかな人生の新しい局面を迎える。

猿若清方がプログラムに残した名言にはこうある。

「端唄は聴かせるもの。小唄は聴くもの」

第四章

人生の春と寒い季節

復活！ 栄芝会、そして松尾芸能賞優秀賞受賞

令和4年4月3日。東京日本橋の三越劇場は活気を取り戻した。コロナ感染防止対策で使用できず、丸二年の休館を経て、ようやく毎年春恒例の栄芝一門の「栄芝会」が華やかに幕を開けたのだ。通常のおさらい会なら、初心者から始まってベテラン、師範と番組が続いてゆくが、毎回、出演者の並びに、ひと工夫する栄芝の狙いは当たり、開幕から大入り。夜6時半まで93番を数える舞台に拍手を送る観客で賑わった。

三年前の春は平成最後の年だったので令和になっての初めての会になる。第一回の「栄芝会」を開いたのが昭和35年（1960）と書いた。一度も休むことなく平成最後の年まで続いて、これで終わりかと思われたが、奇跡の復活。数えれば六十回を越え

たことになる。奇跡と書いたのは会主・栄芝が壮健であり美声も衰えを見せないからだ。実は、「久々の会で、前の晩、落ち着かなかったのでは？」と聞いたら「アタシね、『鎌倉殿の13人』見てたのよ」とのこたえ。午前一時ごろダイジェスト放送をしていた。「あら、いつもこうなのよ、じたばたしてもしょうがないでしょ。やるだけの準備はしたんだからサ」これが六十年間一人で会を運営してきた自信の言葉。結局、午前二時過ぎに就寝し、当日は糸（三味線）を中心に、何十番も助演し、後半の大人数の舞台から赤坂、浅草、新橋の芸者衆で立方《たちかた》を入れた舞台は唄にまわり、見事に締めくくり、全く疲れを見せなかった。

春の「栄芝会」そして秋はリサイタルの「栄芝の会」。これが一年の大きな柱になったのは「栄芝会」発足からちょうど二十年目の昭和55年（１９８０）から栄芝の芸の道程は十年刻みでステップアップしてゆくのがよくわかる。小唄、端唄、大和楽《やまとがく》、地唄、そして俚奏楽《りそうがく》。音曲の世界の広がりを独自の技で展開。演出家として先代猿若清《さるわかきよ》方《かた》の力を借りて大きく飛躍してゆく。清方の歌詞に曲をつけるのが本條秀太郎。その作曲の冴えは栄芝の芸魂を刺激し、瞬く間に十年が過ぎてゆく。「十回くらい続いたらいいな」というのが当初の考えだった。その十年の成果が第十回松尾芸能賞優秀賞受賞(平成元年)というご褒美につながってゆく。毎年のビクターでの吹き込み、ＮＨＫＦＭの「邦楽のひととき」出演は常連、テレビでは「邦楽まわり舞台」「邦楽百選」「芸能花舞台」とタイトル名は変わるが王道の伝統芸能番組には欠かせない存在となってゆく。

山下喜久子誕生

ともあれ、平成の到来（１９８９）とともに栄芝は人生の春を迎える。結婚だ。二十代に、浅草で親同士が決めた縁談から家庭に入りごく短い結婚生活はあったが、それからは「色気なし（本人談）」の人生だった。五十代になってからめぐり合うのが山下公爾男《くにお》。鹿児島出身の実業家で、浅草の栄芝と出会うはずではなかったが、人と人とのつながりの不思議。初めて会ったのは博多の舞台。本條秀太郎の公演であった。芸事が好きな山下はさまざまな交友関係があり本條のことも応援していた。俚奏楽という新しい三味線音楽を昭和46年（１９７１）に創始。代表曲「雪の山中」をはじめ舞

第七回リサイタル
「栄芝の会」
(昭和61年/三越劇場)に
ゴールデントリオが勢揃い。
右より、
本條秀太郎、栄芝、
初代猿若清方

踊家や歌舞伎俳優まで好んで踊りたくなる作品を次々に発表していた天才を山下は高く評価していた。山下はのちに東京に本拠を置くことになる。栄芝と知り合うのは必然だった。栄芝の芸にも、もちろん惚れていたのではあろうが、あくまで口は出さない。それぞれの仕事には干渉し合わない。また結婚という形態で家庭に縛り付けるようなこともなく、人生経験を経た大人同士の付き合いから、自然に結ばれたという。第一、主婦としては目玉焼きを「チリメン焦がし焼き」にするとか、シシャモを生焼けで出すという、小島美子《とみこ》がプログラムで明かす料理の腕前だった。山下はまた「人を見る目」があった。幼児から備わっていた霊感でのアドバイスに救われたと、女優の波乃久里子は語っている。かくして、ゆるやかな付き合いの末、平成元年、浅草のホテルで松尾賞受賞と結婚を祝う会（38頁写真）が行われ、山下喜久子と姓が変わることになる。

文化庁芸術祭・優秀賞！

その勢いで平成の栄芝リサイタルも順調に進み、平成4年（1992）第13回の栄芝の会で文化庁芸術祭の音楽部門優秀賞を受けることになる。還暦の祝いと重なった栄誉だ。番組は『江戸端唄・隅田風景』と端唄の組歌風『紀伊の国』端唄の家元としての矜持《ほこり》を感じる構成が高く評価された。

浅草公会堂の前に「スターの手形」というコーナーがある。これは昭和54年に山田五十鈴、美空ひばり、十七代目中村勘三郎らが始まりで毎年、浅草ゆかりの芸能人が選ばれ、平成7年には栄芝は春日とよ栄芝の名前で孝夫時代の片岡仁左衛門らとともに顕彰され63歳当時の手形を残している。その小さな手のひらをぜひご覧いただきたい。

この年、第十六回のリサイタルからは新たな展開を見せることになる。それはゲストが参加したこと。観客にとっては、華やかなゲストを見る楽しみが増え、三越劇場には客が詰め掛け、今では消防法で許されないが、補助席を150も出したほどの人気だった。俳優の朝丘雪路は日本舞踊、深水《しんすい》流の家元として才を見せた。ある日、栄芝の自宅で歓談しているとお茶を出す人物を見て、近眼で目の悪い朝丘は目を細くしたり丸くしたり。「山下さん？　なんでここに？」実はさまざまな舞台人と交流が深い夫の山下は朝丘雪路の九州公演の折にも助力し旧知の仲だったのだ。不思議な縁に栄芝も驚いた。「人が人を呼ぶ」のだ。

続いて俳優、山口崇《たかし》の語りで「舟遊女・鞆《とも》の浦」（第十九回）朝丘雪路が大和楽「夜の梅」を踊ったのが第二十回。語りでは十二代目市川團十郎・小唄「源氏物語」（第二十一回）、朝丘雪路・小唄「雪夫人絵図」（二十二回）、波乃久里子・小唄「飛梅」（第二十三回）、十代目坂東三津五郎・小唄「曾我物語」（第二十四回）。こう書き写すだけで見たくなる。豪華なリサイタルが毎年展開し順風満帆だった。

訣別《わかれ》の季節《とき》

しかし、栄芝物語には必ず来るこの言葉「好事魔多し」。病気やケガではない。栄芝は80歳を越えてからの脱臼、骨折などはあるが、この時は病気知らず。しかし心を痛める出来事が起きた。本條秀太郎との軋轢《あつれき》だ。あれほど信頼し、「お母さん」「息子」と互いに呼び合い、芸の極みを尊敬し合っていた本條と訣別の季節を迎えることになる。これは第一章に「芸のすれ違い」と記しているが、栄芝の舞台人生での大いなる損失になってゆく。理由は「仲たがい」。男女のそれではない。実は根が深い。本條も栄芝も家元。まして本條は俚奏楽《りそうがく》に命を懸けて海外公演まで行っていた。俚奏楽の名取ではない栄芝は唄方として客演の立場。そんな中、ある舞踊会で本條の代表作「うき世道成寺」が出た。この曲が大好きだった栄芝は喜んで唄った。しかし、本條は出演していない。無断演奏だった。そうした行動が本條の知るところとなる。「あらごめんなさい」ではプロの世界は済まない。「母子」の親しさに栄芝は甘えてしまった。以後、詫びるチャンスを失う。江戸娘のよくいえばさっぱり気性の栄芝の言動が、じっくり考え、言葉少ない学究肌の本條の癇《かん》に障ることもあっただろう。それでも人気の二人に出演依頼は来る。口を利かない本條と打ち合わせなしで共演しなければいけない。栄芝はいつものように会話はさばさば、それも本條は気に入らないはず。次々に提示される本條の新曲は、しかし素晴らしかったし、ふたりでハモル部分は最高の作品が多かったと栄芝は語る。それが次第に唄えなくなる辛さ。まさに『鶴八鶴次郎』の世界。栄芝は悩んだ。

「今年のリサイタルどうしよう……」。めったに弱音を吐かない栄芝は夫の山下に漏らした。普段はやさしい山下が「本條がいなければ君はリサイタルする自信がないのか？」と強い口調でたしなめたのでびっくりしたという。実は栄芝が期待していたのは「本條に電話してやろうか」という言葉だったのだ。

寒い季節

山下は栄芝と出会う前からの本條の理解者。本條は「お父さん」とも呼んでいた。まさに息子扱い。だから仲をとりなしてくれると半ば期待していた。ところが違った。この夫君のひとことが栄芝を逆に発奮させ、なくてはならない本條抜きでリサイタルを成功させる道を見つけていった。しかしこの「寒い季節」は十年以上続くことになる。ある意味、片腕、芸の相談相手、共演者、ライバルを失ったも同様。本條を超える三味線弾きはいない。このあとのリサイタルと音楽人生を孤軍奮闘で、どう乗り切っていったのだろうか？

第五章

唄いたくなくなっちゃったの

研究してくれないのよねえ

連日のカルチャー教室。自宅稽古……。忙しい毎日は変わらない。弱音を決して吐かない栄芝の日々は万全だ。ある日、芸談を語りながら、漏らしたひとこと。

「アタシさあ　最近唄いたくなくなっちゃったのよねえ」

これは何を指しているのか？　聞き捨てならない。わたしの想像だが、ここまで春日とよ栄芝と栄芝という、ふたつ名前で多くの門人を育成してきて、会長を務める春日会では他流に負けない数の師範が流儀を伝えている。家元である端唄の門弟も孫弟子にまで裾野を広げていて盤石だ。それはいい。しかし栄芝節という至高の芸は、追随を許さない芸域にまでなっている。栄芝が独走していて、伴奏ではなく伴走の徒弟がいないということに一因があるのではないだろうか。

栄芝の口癖は研究である。

「いい？　みなさん、研究しないといけないのよ」

「声がいくらよくったってダメよ、研究しなくっちゃ」

「作品の勘所をとらえ研究しないと、奥行きがでないんだから……」

この言葉は栄芝が自分にいい聞かせてきた信条で、まさにそれを実行してきた。天性の喉を持ってはいたが、それだけで今日の栄芝があるわけではない。

「若いころのキレイなだけのレコードを聴くとイヤになっちゃうの」

「あたしサ、ＣＤや録音も聞き直さないのよ。だって、やだもの」

もともとの性格が、過去を振り返らない。つまり、反省しないのではなく、悪いところは自分がいちばんわかるから、一番いい状態で仕事は終えるけれど、また次に同じ曲でも研究の余地があることを知っている。だから、過去の録音、録画を見ない、聞かないを通している。

研究の下地は、先輩の名人芸を真似たこと。市丸、日本橋きみ栄、小唄勝太郎、長唄の杵屋佐登代《さとよ》、大和楽《やまとがく》の三島儷子《れいこ》らだ。真似てから、どこが素敵かを学び、自分の工夫に加えてゆく。そのほか日本舞踊、長唄、清元、俚奏楽《りそうがく》そして地歌、箏曲……。これらを修め、時々の唄に作品にそれらの要素を盛り込む。どうしたら江戸前に聞こえるか、どうしたら情愛の深さ、色気が出るか、舞踊の地方《じかた》なら、踊り手の気持ちが盛り上がるか……。演奏家として、おりおりの一曲と全体の並びや変化に配慮する。実演家でありながら、演出家でもある。第一章にテレビ収録で瞬時に構成を変えてしまった機智を描いたが、栄芝節と書く由縁はここにある。門弟に求める研究とはこのことを指している。素人だ、名取だの区別はない。お手本で最高のものを示し、それをまず真似て、その上で研究しなさいと、ひとしく繰り返す。それが個性につながってゆくのだ。

唄いたくない理由は、七十年の指導人生から、栄芝を越える人材が出ていないことに、気落ちしているのではないかとわたしは勘ぐっている。

「研究してくれないのよねえ」と時々こぼしている。

リサイタルの華やかなゲスト

研究と工夫と修練の歴史は、三十五年毎年欠かさず開いてきた「リサイタル」に残されている。前章ではゲストを迎えたことを書いた。綺羅星の如きゲストでも十二代目市川團十郎、十代目坂東三津五郎、朝丘雪路など故人となった名優との共演。三越劇場の風格にふさわしい会となっていった。特に團十郎は栄芝に全面的な信頼を置いていた。歌舞伎俳優なので普段は長唄や浄瑠璃で踊る。しかし放送などで共演してから、栄芝の演奏で踊りたいものがあった。それは「かっぽれ」。歌舞伎では「春霞空住吉《はるがすみそらもすみよし》」でかつて九代目は「かっぽれ」を常磐津で踊った。十二代目は歌舞伎とは別の場で、浴衣にねじり鉢巻き姿で、お座敷芸的に踊るのを好んだ。豪快な荒事芸《あらごとげい》と対照的なさっぱりした江戸前を見せることも得意だった。そんな相談も栄芝とはしやすかった。たとえば、こんな公演もあった。はじめは『助六』。それも河東節《かとうぶし》や長唄ではなく端唄の「花の雲」これを紋付袴で踊る。観客は團十郎が素顔で演じる粋なもうひとつの『助六』を堪能する。ここでいったん團十郎は袖に入り栄芝の独り舞台。雰囲気が変わる小品を三曲ほど、もちろん團十郎のこしらえの様子を考えながら長短の曲を工夫する。そして團十郎再登場。〽かっぽれかっぽれ……。客の沸くまいことか、みな大喜びで「成田屋!!」の連呼。なんと贅沢なことか。これも立方《たちかた》の意向を酌んで演出する栄芝の研究である。團十郎の人柄の良さは天下一品、

「アタシ驚いちゃったの。ご挨拶も下座《しもざ》でご丁寧に、きちんと栄芝師匠とたててくれるんで、恐縮しちゃったワ。ふだんからあの方はそうなのね。立派な方だった……」

こんなつながりから、リサイタルのゲストにも心よく応じてくれた。

花柳《はなやぎ》流で少女時代踊っていた時から、いわゆる芸能人との交流があった。長唄は映画で名前が出るまでの若山富三郎。三味線は弟の勝新太郎。二人の父は名手の杵屋勝《かつ》東治《とうじ》だ。富三郎とは長い付き合いで肝胆相照らす仲。

歌舞伎もよく見ていた。それは芝居小唄ばかりでなく端唄にも歌舞伎のテーマが隠れている。最近もシネマ歌舞伎『桜姫東文章』を東劇まで見にいって、「納得したわ」

と語った。
この芝居はめったにかからない。令和3年の歌舞伎座公演は片岡仁左衛門、坂東玉三郎が三十六年ぶり共演しチケットは完売。その舞台映像がシネマ歌舞伎になった。この芝居のエッセンスが端唄「海晏寺《かいあんじ》」になっている。品川近くのこの寺は江戸時代紅葉の名所。龍田、吉野に勝るという歌詞が原曲。唄い始めの「アレ　見やしゃんせ」だけ同じで、以下の替え歌に歌舞伎の主人公を入れている。

〽アレ　見やしゃんせ　清玄《せいげん》は破《やぶ》れ衣《ごろも》に破れ傘　これも誰《たれ》ゆえ　桜姫

『桜姫東文章』の「三囲《みめぐり》土手《どて》の場」高僧・清玄が堕落し、雨の中、赤子を抱いてさまようみじめな姿。暗闇で互いが見えない、だんまり模様。桜姫とすれ違う名場面。端唄「海晏寺」の原作を見てようやく意味がわかったという。今度唄う時、解釈を工夫しよう。これも研究なのだ。

「ゆきえ」「おかあさん」といい合う朝丘雪路と

「久里ちゃん」「お師匠さん」と話し合う波乃久里子と

リサイタルでの常連は俳優、朝丘雪路と波乃久里子。「雪絵」「お母さん」また「久里子」「お師匠《しょ》さん」と呼び合う仲。舞踊の立方だけでなく、語り、ナレーションなど、本人が苦手だと断っても、命令されて出演する仲のよさだった。この二人と深くつながった夫君、山下公爾男の存在も大きかった。

伴侶との別れ

しかし十年ごとに「好事魔多し」の事件が起きる。夫との別れだ。第二十回リサイタル平成12年（２０００）10月のこと。広尾で入院をしている夫のもとに浅草から毎日通った。ガンだった。栄芝はリサイタルのプログラム作り、二十回記念の新作地唄「女人成仏」の稽古などに追われていた。しかし、そんなことは、おくびにも出さず、朝丘雪路の舞踊。大和楽「夜の梅」まで成功裏に公演を終えた。それから三日後の5日は夫の誕生日。ケーキを持参した。ほとんど食欲もない。さらに二日後の7日永眠。仕事には一切口を出さないが精神的な支えになってくれた6歳年上の伴侶を失った。栄芝は看護疲れで痩せて、リサイタルの終演後の挨拶ではさすがに涙を見せた。

復活の日々

立ち直ったのは、日々の稽古があったからだ。自分のための時間より門弟の稽古場といわゆるカルチャーセンターの教室が途切れることなく続き、生徒の数は減らない。始まりは三越文化センターの小唄教室。昭和55年（1580）、当時の岡田茂社長の鶴の一声で始まった。その後、青山にあるNHK文化センターで端唄教室もスタート。のちに小唄教室も兼務することになる。いずれも現在、朝10時から夕方5時まで、通している。昼食は摂れない。それが四十年も続いている。人気のほどが知れるだろう。ちなみに、わたしもNHK文化センターや朝日カルチャーで歌舞伎や文楽の講座を持っているが90分ひとコマこなすだけでも大変である。かくして、「唄わずにはいられない」日々の歳月が続いている。

「唄いたくない」ともらした別の理由は研究不足の弟子のためではなく、決して振り返らない栄芝に、この本のため人生を振り返ってもらっているせいかもしれない。資料や写真を探してもらっているので、その時々で、こう語る。

「あたしって結構すごいことやってきたのね」

「あれは二度とできない会だったワ」

「大変だったけど楽しかったのよ」

研究の成果を積み重ね、成功し、それを繰り返し、なおかつ現在進行形に安堵する。ここまで書いて、栄芝に「さっき、唄いたくないっていましたが……」と再び聞くと、

「え？　そんなこと　いったかしら？　ちょっと疲れたせいかなあ。ヘンねえ」。

やはり栄芝らしい。……心配して損をすることもある。

栄芝お師匠《しょ》さんのこと

波乃久里子

初めて、お目にかかったのは、NHKのスタジオです。わたしが十代のころだったかしら。たしか、父（十七代目中村勘三郎）が出ていた番組でした。第一印象は、なんて、おきれいな方だろうと思いましたんですよ。着物も華やかで、よく似合ってらしたわ。それでいて、しゃきしゃきしゃきして、気取らず自然体でしょ。お人柄ですよね。

お親しく、付き合っていただけるようになるのは、ずっとあとですけれど、『婦系図《おんなけいず》』の「柳橋柏屋《かしわや》」など新派の舞台で、襖の陰で演奏していただいたこともあったし、お食事にもよく連れて行ってくださった。いつの間にか「娘」みたいにになって、「おかあさん」に、甘えたり、無理もいいました。

娘っていえば朝丘雪路さんも娘分で、ご一緒することが多かったんですけれど、実はわたしは雪路さんのこと苦手だったんです。でも栄芝お師匠さんを介してお会いしているうち、お人柄が素晴らしいことがわかり、本当にいいお友だちになっていただきました。晩年、水谷八重子さんとの新派の公演『三婆《さんばば》』で共演できたのはいい思い出です。

あたしって、度胸あるように、みなさんおっしゃるけれど、舞台に関しては、どれだけ稽古しても不安なんです。初日近くなると、緊張でどうしようもなくなるんです。そんな時、栄芝お師匠《しょ》さんに電話します。お声を聞いただけで安心する。不思議な力があります。それだけでなく、稽古場に来ていただいたり、「今、来て！」楽屋までお呼びしたり、お忙しいのに、SOSすると、無理をしてでも駆けつけてくださる。実際コロナの時は会えないのに、松竹の方に特別お願いして、来て助けていただいたこともあるんです。それほど、わたしには大切な方です。その時「久里子ちゃん、大丈夫よ」という言葉や「あんた、ダメじゃない。しっかりしなきゃ」などといわれて、背中をポンポンと叩いていただくの。不思議、これで落ち着くんです。お祈りとか、縁起かつぎではないんですよ。わたしは「リキ（力）をいただく」と申しております。

栄芝お師匠さんの芸は透明感があります。それは天性のものだけではなく、努力して努力して身に着けた芸だと失礼ですけど思うんです。芝居と音曲。違いはありますけれど、芸については同じですね。そんなわかりあえる信頼感と、もともとのお人柄がわたしに「リキ」を与えてくれると思うんですよ。

あとね、不思議なのは山下先生。ご主人は、ご結婚なさる前からよく存じ上げていました。

この方も「あしながおじさん」って思っていました。舞台を応援してくださったし、お師匠さんとともにたくさん切符を買ってくださって、本当にありがたいご夫妻です。素敵な方でしたよ。長谷川一夫さんと藤山寛美《かんび》さんを足して二で割った方。あら、おかしい？ それだけ魅力があるってことなんです。

小唄？ もちろんお稽古いたしました。お芝居で唄う「山中節」もならいましたし、三味線も「さわぎ」など、舞台で弾きながら芝居するもの、新派にはたくさんあります。わたし、お師匠さんに怒られるけど、長い時間は足がしびれてダメなんです。とにかく、丁寧でした。根気がある先生なんです。他のお弟子さんにもみんなそう。おえらいわ。

お師匠さんは、ひとことでいえば、スーパーレディね。何十年お世話になって、少しも変わらない、揺るがないかた。

これからも、お世話になります。

第六章

思わぬレコード大賞

コンちゃん　栄芝を見染める

「あたしはさ、歌手になったつもりで歌ったのよ」

小唄、端唄の唄うたいではない。トランペットと共演するジャズ歌手のつもりということだ。それも世界的な演奏家、近藤等則《としのり》とのコラボレーションだった。

二十一世紀を迎え、栄芝は七十代に入る。そんな新世紀の到来とともに、考えられない、いや栄芝だから、ありうるジョイント企画が持ち上がった。京都大学出身、山下洋輔のニューヨーク公演がデビューというジャズトランペッターの逸材、近藤等則。一年のうち海外と国内半々で暮らす国際的ミュージシャン。栄芝は一面識もない。近藤は「和」をテーマに共演者を探していた。当時住まいを構えていたオランダに音楽

プロデューサーから大量のCDが送られてきた。そこに栄芝のアルバムがあった。この人の演奏が聴きたい。栄芝のリサイタルに現れたのが、平成13年の秋。2001年10月28日のことだった。当日のプログラムはこうだった。第一部・小唄「雪夫人絵図」第二部・端唄「五十三次」。特に「雪夫人絵図」は舟橋聖一の名作を春日とよ一周忌で昭和38年（1963）に初演されたものに手を入れ再演。朝丘雪路の語りをまじえ、栄芝の小唄が綴られてゆく。それが色っぽい。

〽**心も絶え絶え　息も絶え絶え**
我か人かの境に　恍惚と浮き沈む

〽**乳房に触れた　得も言われぬ　まぶしい丘も静かに揺れた**
山頂に朱い塔のある雪原は　ゆたけく波打つ

こんな内容。どれだけ嫋々《じょうじょう》と唄い上げたか、想像していただきたい。CDでほれ込んでいた近藤が生の声を聴いてノックアウトされたのは今だからわかる。終演後、突然の楽屋訪問。「一緒にレコーディングしてほしい」のオファー。

こうい時の栄芝は「あら、そんな」とか「困っちゃうな」などはいわない。「いいわよ」のひとこと。物おじしない、こわいもの知らずではない。なんにでも興味を持つ性格なので不安などはない。

シバちゃん誕生

その年の暮れ、近藤は銀座資生堂パーラーでクリスマスパーティー。ここで初めて試演をかねて栄芝は演奏に加わった。近藤には「コンちゃん」とよびかけ「コラボ」という言葉も覚えた。2、3曲、三味線入りで唄いながら、近藤のトランペットがアドリブで参加してくるかたち。「いける」当時の音楽プロデューサーが感じた。その時の写真が残っている。実に楽しそうにマイクを握る「歌手」の誕生だ。それから録音がスタート。川崎市登戸《のぼりと》にあった近藤のスタジオで一回に二曲ずつ収録。合間に、ふたりでライブ活動をした。近藤の人気も高く全国のライブハウスやコンサートホールから招かれ、栄芝も出かけた。ハイライトは愛媛県松山でのライブ。松山城を見上げる庭園の池に「蓋《ふた》」をして定員８００人。しかし立ち見客が４００人詰めかけ、大コンサートに。「アタシ櫓《やぐら》の上で歌ったのよ」。高さのある架設ステージを「櫓」という栄芝らしい語感。もちろん着物姿。「シバちゃん!!」の声援も飛ぶ。トランペットのほかドラムス、シンセサイザー、そしてきらびやかな照明。着物姿でハンドマイク、時おり腰を振りながら唄う栄芝のかっこいいこと。「並木駒形」では低い声で「お客だよ〜」一転してハイトーンの「アイアーイ」がピタリとはまる。トランペットの響きの隙間にもう一回「アイアーイ」とおさまる。近藤もご機嫌で演奏していた。

栄芝の音楽性の優れているところは、基本を崩さずアドリブで変化させるところにある。たとえば「深川節」。

〽**緒牙《ちょき》で行くのは深川通い** で始まる唄だが「サテ」とか「サッサ」「コレワイサノサ」と調子よい囃子言葉が入る唄。一番印象的なのが「ちょいな」だ。江戸前の響き。これを栄芝は、おさまった声で唄わない。「チョイナー」と声を張り上げ、繰り返す。これがテクノサウンドともぴったり合い、その部分だけ繰り返したり、二人のアドリブ共演の「キモ」になっていた。

わたしは大阪のライブハウスでジョイントを体験し、びっくりしたものだ。驚くわたしに栄芝は、

「アラ　アタシ高校生のころからダンスホール、ジャズ喫茶いってたのよ。不良が役立ったってワケ」

「おそれいります」

ぴったり合った息の二人は「The 吉原」というアルバムを完成させ、ビクターから発売。話題になったばかりでなく、日本レコード大賞企画賞を平成15年の暮れに受賞することになる。

近藤等則は「音楽はリズム、ハーモニー、メロディーが三大要素と教えられるが、音色を入れた四要素が必要だ」といい栄芝の抑制のきいた「音色」こそ、日本文化の「色艶」だとの言葉も残している。近藤の夢は「パリでコンサートを開き、着物姿の栄芝とシャンゼリゼを歩くこと」と話していたが、その夢を実現することなく、出会っ

近藤等則と

て20年。令和2年（2020）10月17日、71歳の若さで急死してしまった。若いと書いた没年齢は近藤が出会ったころの栄芝の年齢なのだ。子息の名前は空太《くうた》と陽太《ようた》。夫人とともに家族との親交は続いている。

快進撃のリサイタル

この「コンチャン」とのコラボとは別に、二十回記念のリサイタルからの十年は、栄芝の「研究」の成果が存分に発揮されている。新作地唄「女人成仏」では清元清寿《せいじゅ》太夫《だゆう》との共演。現在、人間国宝になった清寿太夫が安珍、栄芝は清姫。端唄でも浄瑠璃でもなく富崎富美代の地唄での共演である（第二十回）。次の年は十二代目市川團十郎の語りで小唄「源氏物語」。10月は御園座顔見世興行で『勧進帳』の弁慶をつとめていた團十郎のもとに、録音に行った。

「弁慶終えた直後よ、声が出るのかしらと思ったけれど、それがよかったのね」「光源氏が回想で『思えば……』という語りがあるでしょ？ それは声を張っていったんじゃダメなのよ。弁慶で相当お疲れでしょう、遠くを見ながら『思えば……』声を張り上げず、しゃがれていて……。ステキだったわ。名古屋まで行った甲斐があった」

こんな細かいことまで覚えている。

「声」を大切に考える栄芝は朝丘雪路、波乃久里子以外では「十代目坂東三津五郎」（第二十四回）「風間杜夫」（第二十六回）「宇津井健」と声だけで顔が浮かぶ俳優にナレーションを依頼した。第二十九回の宇津井は『仮名手本忠臣蔵』という大作である。

また「研究」と書いたのは大和楽など手の内にあるものではない音曲への挑戦。

「芙蓉曲《ふようきょく》」（第二十八回）は長唄の名人四世杵屋佐吉《さきち》が昭和の初めに作曲した三味線音楽。

「奏風楽《そうふうがく》」これは翌年の二十九回。令和5年に亡くなった人間国宝の四世清元梅吉が昭和31年、松原奏風の名で開曲した新邦楽。京花街の踊りでも採用されているが、女性長唄演奏家の芳村五十衛《いそえ》、今藤美知、杵屋佐臣《さおみ》の名手三人が唄っていた。こうした新しい三味線音楽にも挑んでいた。

第七章

栄芝節を探る

春日の小唄

令和4年6月の「春日研究会」を聞きに行った。年二回開いていたが、コロナ禍があったため、久々の開催であった。ロビー客席は昔の（コロナ前の）劇場に戻ったようだ。三越劇場には、さまざまな演劇や演奏会のチラシも揃えられ、ようやく「平時」の雰囲気。そして客席が男女ともほとんど和服という上品な様子も「マスク」以外は変わらない。ただ劇場横にあって、長らく甘味を楽しんだ店は撤退、珈琲専門店に変わっていた。歳月がたしかにめぐっている。

〽**時の進みは　ひのめぐり**。栄芝は「めぐる日」で、この日の全94番を締めくくった。具体的に、わたしが感じた「栄芝節」を書き留めてみよう。

めぐる日

〽**めぐる日の　春に近いとて　老木**《おいき》**の梅も……**

老木の「んめ」がまず優しい

〽**若やぎてそろ　しおらしや　しおらしや……**

二回繰り返す「しおらしや」が抜群に柔かい

〽**薫りゆかしと　待ちわびかねて……**

この言葉尻のキレが絶妙

〽**鶯の来ては朝寝を起こしけり……**

一気に強く唄う。生半可な「ホケキョ」では人は起きない

〽**いま帯締めてゆくわいナ　ほうほけきょうとい人さんじゃ……**

「ほうほけきょう」の「きょう」から、かけ言葉にして「きょうとい（気疎い）＝コワイ」人だわ、とおどけている。この締めくくりの唄い方に女性の心を描く小唄らしさがゆったり戻り、余韻ある唄い納めになる。

素人ながら客席で分析して栄芝節の魅力を探ると、こうなってくる。もともと正月の曲だが、コロナの失われた時を潜りぬけての心機一転。新たな時代の到来を祝う選曲。ほかの93曲とは重なっていない。

流祖　春日とよ

小唄春日会は小唄界の最大流派。流祖・春日とよの遺志を継いで大きく成長してきた。明治14年（1881）に浅草で生まれたトヨ（本名）はうた沢、常磐津、清元、一中《いっちゅう》、宮園《みやぞの》、荻江《おぎえ》と幅広く音曲を、また母からは日本舞踊も学んだ。明治中期から小唄が流行、祖母と母から小唄を修め、初代村幸《むらこう》にも師事。次第に頭角を現し、大正12年（1923）、ラジオの放送が始まり出演。40代には東京だけでなく全国の放送局に出かけ、生放送で小唄をひろめた。そして昭和3年（1928）、小唄春日流を創流。47歳の時だった。太平洋戦争が終わり、新橋演舞場での「古稀記念演奏会」が昭和25年。

十年後には「傘寿の会」その年、紫綬褒章。昭和36年、一般財団法人として春日会設立。翌年、歌舞伎座で「設立記念公演」を開催するも翌月、82歳の生涯を閉じる。

春日の代々

演奏家として、指導者として、私財を投じての財団設立など日本の伝統文化に大きな功績を残した春日とよ。栄芝は短い期間ではあったが、とよの滋味ある芸にふれられたことと「いつも着物を褒めてくださった」といういい思い出とともに、まだ「ぺえぺえ」の身で寛永寺での盛大な葬儀を手伝った。当時門弟筆頭は三羽ガラスといわれた「とよ晴」「とよ琵」「とよ栄」それに「とよ稲」が正面に並んだ、そこになぜか27歳のとよ栄芝が並ばされ目をぱちくりしていたという。

新たな二代会長には、とよ師のもとに通わせてくれた恩師とよ栄が就任する。そして、とよ琵（三代）、とよ晴（四代）と続く。

「流祖とよ」追善演奏会を東京はもちろん、大阪、京都、名古屋で開催。また財団創立記念演奏会を周年行事として国立劇場で開催していた。あわせて毎年の春日会、冒頭紹介した研究会と春日会ならではの熱心な取り組みは、流祖を失った後も多くの名人の後継者と会員の努力で継続してきた。創流九十周年は平成最後の31年4月開催。翌月から令和へそしてコロナの混迷期へと入ってゆく。

とまれ、五代会長にはとよ栄芝が師事した、とよ福美が就任、以下とよ五（六代）、とよ稲（七代）と受け継がれてゆくが、とよ栄芝は副会長として長らく、この三人の会長を補佐することとなる。

とよ福美は水戸の花柳界から唄のうまさで世に出た。画家の伊東深水が贔屓していたという。とよ五は四国出身、糸（三味線）の名手だった。東京生まれの、とよ稲は母とよ福、姉とよ福園とともに活躍、唄に味があった。会長以外にも芸達者は大勢いて田中角栄首相が贔屓にした、赤坂のとよ年は作曲家としても才を見せ、春日小唄集にも収録されているのが「櫓下《やぐらした》」。

〽**恋の仲町《なかちょう》小夜更けて　辛《しん》気《き》新《しん》地《ち》の遠灯り……**

は代表作だ。そして、田中角栄は「豊年澄」という春日の名取でもある。

八代目会長として

小唄界や邦楽の世界はもちろん春日会だけでも行事が多い。番数の多さから番組決定が難作業となる。なぜなら序列や曲の案配が揉め事の元。栄芝は娘時代からそうした些事《さじ》を見てきた。それゆえ副会長時代から、会長や理事役員の希望を聞きながらも、内容のほとんどを栄芝が一存で決めてきた。すべての責めを負う覚悟で、大勢の師匠たちの顔を立てながら、演奏会としての品格を守り、どの時間帯にも客席が空かないよう工夫を重ねてきた。「自慢話は決して書かないでね」と念を押されているのだが、ワンマンなのではない。作成作業は事務所の人や門人に手伝わせない。夜中まで首っ引き。こんな仕事が90代になった今も続けている。その方が早いこともある。それは

小唄春日会の流祖、春日とよ

歴代の小唄春日会会長

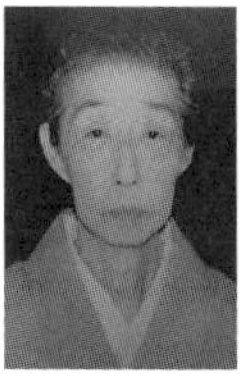

二代春日とよ栄

三代春日とよ㐂

四代春日とよ晴

五代春日とよ福美

六代春日とよ五

七代春日とよ稲

春日会だけでなく、小唄、端唄の世界の安定した交流と発展を願うからである。

先ほどは歴代会長を中心に紹介したが栄芝の思い出話で、ほかの名手たちも教えてもらった。小唄の春日とよ栄芝でレコーディングする時、頼りにした仲間たちだ。とよ福美の弟子でとよ美弥、とよ美里。「はッ」という掛け声がよかったのが足利出身のとよ美㐂。ほかにとよ美佐、とよ美竹にも世話になったし、栄芝のツボを心得てくれていた。もちろん今では、とよ㐂扇《きせん》が欠かせない存在である。赤坂のお座敷の名妓で清元も得意である。あのコンちゃん・近藤等則とのコラボでさんざん苦労を掛けたのがこの人である。

これまで毎年のリサイタルを第二十回から十年間の贅沢な軌跡を紹介したが、さまざまな音曲研究とともに、こうしたベテラン演奏者との小唄演奏が大きな柱になっていたのはいうまでもない。

演奏者として、指導者として、また春日会責任者としての仕事をこなしながら、栄芝は日本舞踊の世界でも活躍していることを書いておこう。日本舞踊の地方《じかた》はまず、長唄、そして浄瑠璃の竹本、常磐津、清元がほとんどだ。栄芝には小唄、端唄ぶりでという依頼はあるが、ほかに「お知恵拝借」相談も結構ある。長いお付き合いは坂東勝《ばんどうかつ》友《とも》。坂東流の重鎮だ。日本舞踊協会の東京支部のひとつに城東ブロックがあり、企画公演は創作舞踊。おもに藤間蘭黄《ふじまらんこう》が台本を書く。古典風だけでなく「ピノキオ」があったり落語ネタの「寿限無《じゅげむ》」があったり……。

「あたしサ 作曲しないでしょ。困っちゃうのよ」という栄芝。実際、歴代師匠のように新作小唄や端唄の創作はしない。しかし、相談はたくさんくる。「どんな演出にしたらいいでしょう」と勝友。「それだったらね、ここにサワギを入れて、つなぐでしょ、そんで、ここは〽**なんたら愚痴**だえ 、そう『越後獅子』のね。それでっと、ここはしっとりしたお座敷民謡で、あれとこれとを入れたらいいのよ……」。こんな風に話が早い。勝友の母の時代からの友人。栄芝自身、舞踊を稽古していたし、歌舞伎は始終見ているからこうなのだ。勝友曰く「ひきだしが無尽蔵」。これでは毎年依頼が来るはずだ。

ひところは博多の見番《けんばん》（芸妓組合）にも毎年通って博多芸者の指導をしていた。12月の博多座公演の舞踊会、振付師はいるが全体構成や曲の流れは栄芝がぱぱっと決めてしまう。ある意味、演出家も顔負けのセンスを持っている。わたしが栄芝と親しく口を利くようになったのはスタジオの仕事だけではない。各地の舞踊会、演奏会、さまざまなジャンルの芝居……。そんな劇場やホールの客席で栄芝の姿をみかけ、声をかけるからだ。

「あら、あんたきてたの。ちょっと今のよかったわね。来てみるもんだわね」

もあれば、

「なんなのよ、あれじゃせっかくの曲が台無しよ」

「あの衣裳の色どうにかならないの？」

など褒めるばかりではなく厳しい目で見極め、それが自分の仕事に生きてくる。

東北、仙台の舞踊家、藤間勘そめも栄芝ファン。数少なくなった仙台芸者の最後の灯を守るために自身の「勘そめ会」に出演させ栄芝に来演してもらい、江戸前の本物の芸を共演という形でプレゼントするというほれ込みようである

ビクター小唄名流まつり

さて、三越劇場では久々に「ビクター小唄名流まつり」が令和4年7月、二日間開催された。これは小唄各流派合同公演のまさに「お祭り」、この時六十回記念でもある。長らくビクター財団の理事長を務めた藤本草《そう》が顧問に就任し、市橋雄二が新理事長に就任した。新体制で初めての「小唄まつり」である。

若き日の栄芝がこの「まつり」に出られなかった苦い経験を書いた。世間知らずで初めてレコードを出したのがクラウン。しかし春日会はビクター一本。そのはざまに「沈没」してしまった。今、その栄芝は二日間の締めくくりに「涼み台」を唄う。

涼み台

〽**暑**さしのいで**涼**み**台**　**噂**の**花**や**恋**の**花**
線香花火のそのように　ぱっと**開**いてぱっと**散**る
仲をじらした　**灯**《ひ》とり**虫**　**思**い**焦**がれて　どこへかえ

モダンな小唄。ねっとりではなくさらりと唄うと季節感が出る。(公財)日本伝統文化振興財団から出ている「春日とよ栄芝の小唄」シリーズ「花の明け暮れ」に収録されている。力んだところが少しもないのに、くっきり個性を出す。

再び分析してみよう。中音で唄い始め、「しのいで」の「で」のまえに小さな「ン」がはいる。ほんのり色気、暑苦しくない。「噂の」の言葉尻の切り方の粋。「恋の」と張った声の艶っぽさ「線香花火」のあとの糸が ぽつ ぽつと 花火を連想させる とよ喜扇の糸のうまさ。「ぱっと」のくだり 繰り返しが全く違う 高低緩急の面白さ「仲をじらした」の「じ」のあとに小さな「ン」これで花火の「ジジッ」という音に聞こえる。「仲を取り持つ」の音階運びがモダン。「どこへかえ」と唄い終わりの二段に声を上げてゆくところに、虫の行方をはかなく描いている。

こんなふうに小唄は小さな声の世界ではなく「遠くから響いてくるドラマ」であることがよくわかるだろう。加えて当人曰く「ながなが、だらだら唄うのは野暮でしょ」小唄は奥が深く面白い。そんなことを教えてくれる栄芝だ。

第八章

再び 栄芝節を探る

小唄ブーム

昭和、平成から令和へ栄芝の人生をたどっていると、時代とともに消えてゆく伝統芸能の専門誌がある。歌舞伎の専門雑誌は「演劇界」。歌舞伎だけでなく新派、新国劇、文楽など日本人の多くが愛した演劇とそれにまつわる写真、劇評や公演情報が楽しみだった。それも令和になって休刊。歌舞伎から日本舞踊や邦楽へと興味が広がってゆく先には月刊誌「邦楽と舞踊」もあった。これには箏曲、端唄、小唄はもちろん長唄など三味線音楽と日本舞踊の名手たちの話が詳しく貴重な資料にもなっていた。が、これも廃刊。しかし、いずれも出版社の経営体制が理由で伝統芸能が衰微したというわけではない。そんな中、日本舞踊社が健闘している。月刊「日本舞踊」は昭和24年

（1949）創刊。また休刊中の「邦楽の友」は昭和30年発刊。この昭和30年代が小唄の黄金期だった。演劇出版社から出ている木村菊太郎の「昭和小唄3」には「邦楽の友」発刊当時の久保重良、矢部洋文のほか田辺尚雄、渥美清太郎、吉川《きっかわ》英史、町田嘉章《かしょう》ら超一級の邦楽評論家の後盾があったことがわかる。趣味の「三ゴ」ブーム。すなわち「囲碁」「ゴルフ」に「小唄」が紳士の趣味として人気を集めていた。翌年には日本小唄連盟が発足。日本の経済成長にともなう文化の華の一翼を担っていた。

もちろん春日会の記述も詳しく、春日とよ栄芝についても紙幅を割き、こう記している。

「春日とよ栄の秘蔵の弟子。正統な春日の小唄に『栄芝節』を加えた小唄」とあり端唄の家元であることやその教室やリサイタルについても詳述。写真入りで紹介されている。「栄芝節」わたしがたびたび、書いているこの文字は早い段階から世間の認識にあったことがわかる。今回は小唄、春日とよ栄芝の栄芝節を掘り下げてみたい。

五十代の栄芝に出会える

「あらやだ、わたし、研究はし続けているの、でもね、こればっかりは、教えられないもんなのよ。だってそうでしょ、音曲はみんなそれぞれ違っていて、その違いをわかってから作品ごとに、取り組むのよ。放送？　CD？　みんな吹き込んでも違うの、それでいいの。たとえば劇場、ホールでの演奏会なら、同じ曲でも、その日のテーマや、前後の並びの曲からも変わってくるのね。いい加減ではないのよ。基本は一緒。あとは糸との兼ね合いもあるわね」

これまでにも書いたが、栄芝は数多く出しているCDを聴き直すことはしない。出演した放送や舞台の映像を見ることもない。なぜ？と聞けば「いやなの」このひとこと。「若いころはどれくらいビンビン声が出たことか、それでいい気になっていた時もあったのよ。それはその若さでよかったの。でも違うのよね。本物ではないの。だからCD聞かないの。声が出ればいいってもんじゃないの」

ある意味、潔い言葉だ。

だからこそ、研究を重ね帝国劇場、歌舞伎座、東宝劇場……。さまざまな大劇場で、いろいろな音曲の演奏をし、その怖さと面白さを十二分に経験してきた。もともと四畳半の座敷唄としての良さが小唄にはあるものの、ホールでの演奏会にはさまざまな演出や発声法が必要だ。

自分のリサイタルはもちろん、相談されれば、道具はこう、転換はこう、照明はマイクはと、ケースバイケースでアドバイスでき、実際、自分の出番に来ればよい存在ながら開演前から、演出家や舞台監督の相談にのって、活躍する姿は多くの人が見ているはずだ。それもこれも、小唄の流儀を超えて次の世代へ魅力を伝えたいという思いがあるからだろう。

聴くなとはいっても、「栄芝節」を探るためにはやはりCDから学ぶのが早い。第六章に「涼み台」についての分析は書いたが収録されているのが「花の明け暮れ」というアルバム。平成19年（2007）発売。――一枚に25曲収録されている。

レコーディングはいつもこうだ。スタジオで何回かに分けて収めていくが、栄芝は長年の経験で一回はあまり時間をかけない。かつてはドーナツ盤。片面は別の唄い手の場合もあったこともある。続いてLPレコード時代が、まさにアルバム。さらにカセットテープ時代になる。そしてCD時代。CDの中にはかつてテープなどに吹き込んだ曲が復刻される場合もあるので、ライナーノートをよく読めば、発売よりさらに前の若い時代の唄い方に出会える時もある、古典などは同じ作品を比べて聞く楽しみもある（本人は嫌がるが……）。

思い出の一曲を選んでもらうのは、さすがに難しい。それより好きな曲は？と聞いたら、いきなり口三味線を始めた。わたしは初めての体験だったのでびっくりした。喫茶店のBGMが流れる中、わたしにはできない芸当。完全に耳の中で雑音をシャットダウンできるプロ。続いて唄い出す。録音しておきたいくらいだった。それは「縁があったら」。作詞作曲、猿若清方という。栄芝のリサイタルでの演出やプログラムの絵まで描いてくれた恩人。先代清方は日本舞踊の名人だが、才の溢れること、小唄作品も数多く作曲している。

この曲が入っているCDは、まるで踊りの振りのように右手を頬に寄せてポーズをとるジャケット写真のアルバム「祇園灯ろう」。令和元年（2019）に発売されたが、この中に「ほそぼそと」と「縁があったら」清方作品の二曲が納められている。1991年、栄芝五十代後半の声だ。

縁があったら

〽**縁**があったら　**逢**えるじゃないか
達者でいなよと　**別**れたままの
あいつ　どうしているかしら

〽たった**一夜**の**旅寝**の**夢**を　**思**い**出**さずに
忘れもせずに　**一人**で**飲**んでる　**宿**の**酒**

糸は前弾きも　後弾きも　軽く弾むように　とよ美竹が弾いている。栄芝は、やや低めのふっくらした声で「縁があったら」と始まる。「逢えるじゃないか」は高い音に無理なく上り詰め、節を軽く回して「ないか」の「か」が栄芝ならではの着地点。歌詞は演歌風「達者でいなよ」なんて勝手なことといっていたあいつをふと思い出す女。この「ふと」という雰囲気が表現されている。「いるかしら」の女言葉の最後の「ら」をふわっと音を回して切り、口を閉じると独特の味わいになる。そして後半、たった一回しか会っていない男だから思い出すこともなかったのに、なんで忘れてないいんだろ？と自問自答の歌詞が面白い。「忘れもせずに」節回しが絶妙。「宿の酒」の唄い尻。「け」を酔った声にする。

旅先の宿で、座敷の卓に肘をつきながら手酌で酒を飲む女が見えてくる。色気が溢れるというのではなく、寂しさが全体に漂う。宿の静けさも伝わる。小唄ならではの独白の魅力とは、ここを指している。

「あのね、小唄ってつぶやきなのよ。唄うとか唄いあげるとかいうもんじゃ、本来ないのね。そう、心からふと出た思い。それが口からこぼれ、歌詞になって、清方先生は糸を合わせるのね。この作品ができあがってゆく過程の同じ時間を過ごして、清方先生のつぶやきを耳にしながら、覚えていったでしょ だから忘れない。

本当はね、先生はたゆたうように三味線を弾くのよ。これは小唄の糸の人には無理なのね、やはり弾き唄いしたいくらい」

いい小唄が生まれる瞬間に立ち会い、それを再現しようと取り組む姿勢。「だからね、この曲、お弟子さんが唄いたいというんだけど、ホントは教えたくないの。音符に合わせた演奏で唄っても、本当の魅力が出せないから。だから、わたしのCDは正解ではないということ」

ここまでいい切る栄芝。自身の芸に対する誠実さなのだろう。そんな本音がこぼれるほどの一曲だった。CDで十分、わたしは片鱗を学べた気がする。

黒の絞り染めに白い椿柄の金の塩瀬の帯を締めたジャケット。「ほたる茶屋」。昭和59年（1984）のアルバム。ヒットアルバムの一つというが、思い出の曲はタイトルの「ほたる茶屋」。多くの小唄を作詞作曲した杉浦翠女の曲だが、これも作曲時に思い出があるという。

ほたる茶屋

〽オランダ坂の夜の雨　様《さま》と　もやいの傘の内
人目忍んで逢瀬《おうせ》の茶屋で　あなたまかせの　重ねちょこ

いきなり「オランダ坂の」という高音の出だし。ここはなかなか難易度が高い。53歳の声音は思い切りがいい。気持ちよく伸びてゆく。それがいきなり「夜の雨」と優しく唄う。小唄に求められる色気。翠女が「色っぽく唄ってほしい」と希望して一緒に作っている。再び高く繊細に「様と　もやいの傘の内」「人目忍んで逢瀬の茶屋で」雨に濡れて一本の傘に身を寄せ合って、忍び合いの茶屋へゆく。「逢瀬の茶屋」の音の中に秘めた嬉しさが込められふわっとした色香に。酒盃の猪口《ちょこ》のやりとりは「あなたまかせ」細かく節を回す「な」「た」「ま」「か」の母音はすべて「あ」だ。「まかせ」の「か」と「せ」の間に鼻音を「ん」と入れることで男に甘える様子が出る。

こんな風に前半はできあがったが、翠女は後半の手付をあぐねていた。

〽**酒に言わせる　わがままも　うれしい首尾の　夢の浮橋**

と締めくくる予定だった。そこで栄芝のひとこと。「ねえ『あんこ』を入れたほうがいいわね。これオランダ坂だから長崎でしょ、いいのがあるわ。「長崎甚句」よ。ちょっと三味線貸して……」耳に残る民謡の一節を爪弾いて、歌詞も唄った。ぴったりはまる。こうしてできたのが、

〽**傘を忘れた　ほたるの茶屋に　空が曇れば　いよ思い出す**

これを真ん中に置いて先ほどの後半〽**酒に言わせる**につないだのだ。お座敷民謡の雰囲気で、色気を抑えてメロディーに乗せ、さらさら唄う。それが却って「嬉しい首尾の」で美声を伸ばし存分に小唄の節を回すところが生き、「夢の　オオオ」とたっぷりうたい上げ「浮橋」の「はし」も流麗に高めて伸ばし、早弾きの「佃《つくだ》」の手を聞かせる後弾きの音色に沿わせてゆく。ワクワクする展開になる。

小唄という短詩にふさわしい節附け、そしてアレンジ。小唄の品格を守りながら、身に備わった音曲の宝箱をこうして開きながら「栄芝節」が成長してきた一端をご紹介した。

第九章

端唄の栄芝節

お気に入りの「わがもの」

「わがものと　思えば軽し　傘の雪」この俳諧をつぶやく人物から歌舞伎『松浦の太鼓』が始まる。

冒頭の句は、芭蕉の弟子、宝井其角《たからいきかく》の名句で、其角が出る芝居。雪の花道を傘差しながら両国橋までやってきて、口にする。赤穂義士討ち入りの前日。大雪の江戸の光景だ。そこで赤穂の浪人・大高源吾と出会う。其角の発句《ほっく》、源吾の付句《つけく》が物語の入り口になるのだが、栄芝の話にはいらなければいけない。

栄芝の端唄の魅力について探ってみよう。栄芝は、あまたある端唄の中で「わがもの」

を挙げてくれた。これが、さきほどの其角の句だが、端唄では「思えば軽き」である。結びの「傘の雪」の「ゆき」。で「き」という音が揃う。其角の句も、もとは「わがもの」ではなくて「わが雪と　思えば軽し　笠の上」が原句という。歌舞伎ではこちらを口にする人もいる。「わが雪」から「わがもの」へと、人口に膾炙《かいしゃ》し、端唄に成長した。「小唄はサラッとした歌詞だけれど端唄は深いのよね」。栄芝はまず、唄ことばの素敵さをあげ端唄が好きだという。「わがもの」はこう続く。

〽恋の重荷を　肩にかけ　妹がりゆけば冬の夜も
川風寒く　千鳥啼《な》く　待つ身につらき置炬燵《おきごたつ》
実に遣《や》る瀬《せ》が　ないわいな

「軽い」から「重荷」へ変わる。それゆえ顎で結ぶ「笠」ではいけない。柄のついた「傘」それを肩にしている姿の人物が見えてくる。

「ねえ、いもがりよ。素敵だと思わない?」

思いかね　妹がり行けば　冬の夜の　川風寒《さむ》み　千鳥啼くなり

この紀貫之の和歌からとっている。「いもがり」は恋しい女性がいるところ。そんな男を想像し炬燵で暖を取りながらも、きっとくるはず、でもこない男を待ち続ける女心のやるせなさ。栄芝のＣＤを聴けば、その世界を描いているのが手に取るようにわかる。

「日本語の素敵さよね。そしてドラマの奥を考えて唄うの。端唄って、とことん突き詰められるのよ」

俳句と和歌を下敷きにした「わがもの」を完全に、「女の恋」の視線で描く栄芝。撥も使い三味線がアクセントをつける。その上お囃子も入る。ＣＤも舞台も、長唄囃子方の人間国宝・堅田喜三久《かただきさく》と長い付き合い。まずは太鼓の「雪音」で始まる。そして忍び音の篠笛《しのぶえ》が流れ、千鳥の声も小さく鳥笛で入る。最後は三味線で地唄「雪」からきた合方《あいかた》。完璧に寒さの音で全体を包む。

４分20秒で女の心象風景が見えてくるではないか。これは昭和59年52歳の声。アルバム『お江戸日本橋／栄芝の端唄』（〈公財〉日本伝統文化振興財団）に収録されている。

国立劇場主催の企画公演

小唄と端唄。どちらも三味線音楽の小歌曲だが、基本的な違いを書いておこう。小唄は四畳半の唄といわれる、いわば座敷唄。短いのは1分しないものもある。三味線は爪弾《つめび》きといって撥を使わず、爪ではなく指の腹で演奏する。音が小さく、ささやく音楽といえる。本来はひとりの弾き唄いだが、演奏会は、唄・糸（三味線）とわかれる。対して端唄は撥を使い派手に演奏する場合もあるし、しっとり唄う曲もある、お囃子を入れることも多い。3分くらいが多いが、長いと10分近くするものもある。どちらも中《ちゅう》の棹といわれる長唄よりやや太い棹《さお》の三味線。落ち着いた音が基調。

「葛西さんになんで端唄？ って聞かれて考えていたのよ。昔のこと思い出したわ」

十代で日本舞踊、長唄など稽古して小唄に興味を持って……という話は以前にも書いた。20歳で春日とよ栄に師事したものの、店の手伝いや私生活の変化で一時中断した時期が数年あった。ようやく一段落した時、浅草の実家を出て、初めて一人暮らしをした。たしかお酉様《とりさま》（浅草 鷲神社）の近くとか。仲見世の手伝いからも離れ、友達と劇場に行ったりダンスホールに行ったり、思い切り「遊んだ」とはいっていたが、端唄につながる「遊び」があった。自宅を稽古場のようにして弟子を取ったわけではなく、二十代の娘さんたちに舞踊を教えて「お師匠さんごっこ」のようなことをしていた。お遊びなので長唄や浄瑠璃ではなく「春雨」「梅にも春」など端唄の弾き唄いがほとんどだったことを思い出したというのだ。端唄は誰かに習ったのではない。浅草という土地柄もあり、さまざまなおさらい会や芸者衆の舞台などで耳にしていたことから自然に唄えるようになっていた。譜面も見ず、歌詞もすっかり覚えていた。この経験が、のちにレコード会社のオーディションで役にたったのだ。

そんな、お遊びは25歳過ぎでやめ、再び小唄の稽古に精を出し、春日とよ栄芝を27歳で許される。栄芝会を三越劇場で開いて七年目、昭和41年、今の国立劇場が開場する。お国の劇場建設計画は明治からあったが、結局太平洋戦争が終結するまで実現しなかった。日本の伝統芸能を最高の水準で上演する目的。歌舞伎、文楽が中心だったが、「邦楽鑑賞会」も開場の月に始まった。長唄や清元などがそれで、小唄が登場するのは翌年。二日間六回の公演となった「小唄古典の会」は、名人ぞろいで順列が難しかったためだろう。五十音順で小唄幸子《こうこ》・千紫千恵《せんしちえ》・蓼胡津留《たでこつる》・蓼胡満喜《こまき》・竹枝《ちくし》せん　本木寿以《すい》、吉村りうなどの名前が輝き、春日派は、とよ喜・とよ五千代が名を連ねている。これが大好評だったらしく、毎年二日間開かれることになる。昭和46年3月の公演記録に春日とよ栄芝の名前を見つけた。「上《のぼ》り下《くだ》り」「ここは住吉」の二曲。まだ三十代の若さでの出演。当人は「何にもおぼえていないのよ」とのこと。

端唄の家元「栄芝」誕生

国立劇場では端唄の演奏会も開くようになった。スターは市丸《いちまる》・日本橋きみ栄・藤本二三吉《ふみきち》らがいた。この公演も人気があり、レコードを出していた栄芝にも当然声がかかり、昭和59年に出演している。この時に「わがもの」を舞台にかけた。偶然だが、やはり好きな曲での出演だったのだ。ほかに「大津絵節」も唄った。三味線は豊寿《とよひさ》。

「それよかさ、端唄のレコードは出していたけれど、家元になろうなんて思ってもいなかったのよ。でもね、小島美子先生や三隅治雄《みすみはるお》先生にもいわれて文化庁の芸術祭に参加したの。で、だめだったのね。それでやめようと思ったら、先生たちから怒られたし、主人からも自信がないのか？と叱られて翌年も参加したの。それが小唄やほかの音曲はやらず、『江戸端唄』と『組歌風端唄』だけでリサイタル開いたら賞をいただけたのね。これが自信になって、そのお祝いの会で正式に端唄家元を名乗ることにしたの」

これが平成4年のことだ。二年おきに開かれる国立劇場の「端唄の会」でも「わがもの」をかけている。同じ曲は珍しい。よほどの思いがあるのだろう。

そんな栄芝が好きな端唄、次は「夜の雨」。

夜の雨

〽**夜の雨　もしや来るかと　たたみ算**

三味線が本條秀太郎。前奏から夜の静けさが忍び寄ってくる。さあ唄いなさいとふっと背を押す音色。そこに遠くから聞こえてくる笛・望月太八《たはち》。たたみ算は簪《かんざし》で畳の目を数える女。〽**来る　来ない　来る……**　外が雨だとわかったのは、来訪者の音に耳をそばだてているからこそ。それでいてシーンとした感じの唄い方。「もしや」のあとに、ふと首を振り上げて外を見るように三味線が「クワン」と鳴る。

〽**紙で　帰るのまじないも**

花柳界では紙で蛙《かえる》の折り紙をしたり、紙に描いて恋人が「帰ってくる」まじないをした。声を抑えて唄う栄芝は女が無聊《ぶりょう》をかこっている雰囲気を出す。

〽**虫が知らせで　ともしびの丁子《ちょうじ》も飛んだ　今時分《いまじぶん》**
気まぐれざんす　ええ主《ぬし》の声

女の真心が届いたのか　部屋灯りの灯芯の燃えカスが丁子の形で飛んだ、ええ？　もうこんなに夜更け、時間がたってしまった。それなのに、なんて気まぐれな人なの？あの人の声がするじゃないの……もうしょうがないんだから今ごろ来て……。三味線の調子が上がって、多少声を張るが、はしゃぐ様子はない。内心の嬉しさを隠した女を実に品よく描く。遠くで夜中の鐘がなっている……。

昭和63年、56歳の声アルバム『木遣りくづし／栄芝の端唄』（〈公財〉日本伝統文化振興財団）収録。今はCDになっているが当時、ビクターから5年連続でアルバムを出していた。小唄の先輩に遠慮してすべて「栄芝の端唄」というシリーズにした。

国立劇場企画公演で同じ曲は避けているはずだが「わがもの」の二回と同じ数を唄っているのが「かっぽれ」だ。有名な俗曲で栄芝自身は好んでは唄わない。しかし国立劇場が二回も依頼した理由がわかった。平成8年は劇場開場三十周年、平成12年は文化財保護法五十周年の年。どちらもお祝い。つまり明るく歯切れのよい江戸前の栄芝節で賑やかに寿いでほしいということだろう。

栄芝自身は、「しっとりが好きだから、二回も唄ったなんて意外だワ」とのたもうた。

第十章

栄芝 俚奏楽を唄う

「あらいいわねえ、わたし涙が出てきちゃった」

女優の波乃久里子が、わたしの隣でそう声にしていた。令和4年10月、東京・紀尾井ホール、本條秀太郎主催「俚奏楽《りそうがく》」演奏会での出来事だ。劇団新派のあの声音《こわね》。「お師匠《しょ》さん素敵ね。あの黒の紋付もお似合いだわ。祇園の竹葉《たけは》さんそっくり」

唄ったのは栄芝だ。本條の代表曲「うき世道成寺」の演奏直後のこと。休憩時間に日本舞踊、尾上流の先代家元・尾上墨雪《ぼくせつ》が「久里子さんに、振りをつけてこの曲、踊らせたいね」と絶賛。作詞・初代猿若清方《さるわかきよかた》、作曲・本條秀太郎の「うき世道成寺」は昭和62年（1987）、ビクターからシングルレコードで発売。「椿慕情」とカップリング。これがヒットした。先代・清方の舞踊の振り付けアドバイスもレコードジャケットに記載されている。9分の舞踊小曲なので舞踊会や花柳界での人気作となった。

「俚奏楽」とはそもそもなにか。本條は民謡、端唄三味線演奏の名人、藤本琇丈《ひでお》が秀夫を名乗っていたころ入門し藤本秀太郎の名を許された。多くの先輩がいる中、頭角を現し、さらに自分の目指す音楽を志し、師匠の藤本から一字を貰い「本條流」を旗揚げした。都（都会）に対し鄙《ひな》（地方）、雅《みやび》に対し俚《さとび》の音楽という意味で「俚奏楽」と名付けた。昭和47年。秀太郎27歳の青春時代。それから数え、令和4年でちょうど五十年になった。

江戸の三味線音楽から近代になり西洋の音楽や現代感覚を生かした「東明流《とうめいりゅう》」「大和楽《やまとがく》」「芙蓉曲《ふようきょく》」「奏風楽《そうふうがく》」など昭和の気風で育まれた音曲。その顰《ひそみ》に倣《なら》ったのである。

「雪の山中」は初期のヒット曲。本條の作詞作曲。これは独立前、24歳で作曲している。

雪の山中

〽雪は降る　雪は降る　雪は小袖にしんしんと　心さみしく
こおろぎ橋を　渡る蛇の目の　影ひとつ

このあと山中節を採用。

〽ハー　おまえ　みそめた　去年の五月　五月しょうぶの　湯の中で

以下

〽病《やま》い治《なお》しの山中なれど……
〽谷にゃ鶯　峰には嵐……
〽送りましょうか　送られましょうか

と、三つ続き、再び、

〽雪は降る　雪は降る　雪は恋に　濡れている

詩を読んだだけでも、山中節のメロディーが響いて心にしみる。本條の狙いはここにある。民謡や端唄のだれもが知っている節を配して、しかし、新たに作詞した部分と一体化させるためさまざまな三味線の演奏技法を加え新しさを出す。俚奏は「民俗」ではなく「民族」の響き「日本の音楽」という考え方なのだ。

栄芝は唄い手として「雪の山中」というアルバムに本條作品を8曲収めているし、「栄芝の魅力」版にも「雪の山中」を含め俚奏楽として4曲録音している。

まずは太鼓の雪音、三味線は高音と低音の掛け合い、笛が忍び寄ってくる。いきなり三味線の音を転がす。音のない雪の降るさまを高音の撥さばきで描く。栄芝はなんと二重唱。これはスタジオ録音ならでは。自分の唄に声を重ねて唄う。一気に心をつかむ。

こおろぎ橋を通る女の描き方は目に残るように、柔《やわ》ではないしっかりした声で唄う。

そして違う雪の降り方を三味線で表現し山中節に。ひとくさりは「お座敷風」歌詞カードにはない囃子言葉「ちょい　ちょい　ちょい」が栄芝ならでは。全部違う。すると三味線が一気に明るく早弾きになって場面が変わる。ここは舞踊的で照明がぱっとつく雰囲気。それにあわせ、「ちょい　ちょい」だの「それ」と声を思いきり張り上げ、栄芝お得意の変化。ウキウキする。

ふたくさりめは、しっとり感とは全く違う歌謡曲風に唄う。

みくさり目も「谷にゃうぐうぃす」とまさに鶯の声で「こんな風に唄えたらいいなあ」と思わせる思い切り高い声を出す。本條の三味線とお囃子にのって唄う。四くさりめ。三味線の落ち着き方が素晴らしい。再びしっとり系の山中節。

〽**送りましょうか……せめて二軒の茶屋までも……**　。民謡風だが節を細かく唄い分け綾《あや》をつけてゆく。そして再び「雪は降る」の二重唱。唄本など見ずに顔を上げて唄っているのだろう。「雪に濡れた恋」を見ながらそれを描こうとしているのがわかる。本條の後弾《あと》きに余韻を掻き立て、暮れの鐘が悲しく響く。

ヒットしないわけがない。舞踊の人気作となり、まさに独立の契機になったであろうことがわかる。

栄芝と、この類まれなる才能を持った本條とは出会うべくして出会っている。本條の世界観を表現している唄い手はたくさんいる。門弟で女性は俚奏を姓につけ、名のさいごに「ひで」をつける。たとえば民謡の名手、高橋キヨ子は俚奏勢ひで。また男性は三味線で本條姓だが、秀太郎同様、弾き唄いできる逸材もいる。栄芝は俚奏栄芝ひでの名前で出演している。ひいき目ではなく、本條作品を最大限生かして唄えるのは栄芝だろう。それは本條の作品と三味線に「ぞっこん」と公言しているからだ。中でも、大好きな一曲が冒頭紹介した「うき世道成寺」だ。初代猿若清方の作詞。清方は舞踊曲で「かしく道成寺」という名作も作っている。これは大和楽。大和久満《ひさみつ》（芳村五十七《いそしち》）が作曲。昭和49年。吉原芸者が出世してゆく物語になっている。次に清方は吉原の遊女を「娘道成寺」のスタイルを再び借りて昭和61年（1986）の「猿若会」用に作詞し本條に作曲を依頼、栄芝に唄わせて猿若吉代《きちよ》が初演した。これが評判になる。

では、栄芝が吹き込んだＣＤで検証してみよう。

うき世道成寺　（「雪の山中・栄芝」平成13年〈公財〉日本伝統文化振興財団）

〽夜咲く花や　仇花《あだばな》の　恋も未練も捨て鐘と　（ゴーンと鐘が入る）
聞いて四つから五つ六つ　（再び笛の忍び音）

最初は笛。夜のしじまに流れる風情。そして三味線は廓《くるわ》の座敷の賑いを表す「さわぎ」で太鼓入りだ。鐘が鳴り、栄芝は一貫して高い声を選ぶ「夜咲く」「恋も」「捨て鐘」「五つ六つ」。

〽灯《ひ》ともし頃は　わくせくと　煩悩菩提《ぼんのうぼだい》　極楽の　色香漂う喜見城《きけんじょう》

〽**仇花の**　〽**灯ともし頃**　は低く抑える。仇花が遊女の身の上であり、日暮れの寂しさが低音に匂う。開店準備で賑やかな廓。「わくせくと」も華やかなはずの「喜見城」

も栄芝の声はうら悲しい。

一転して鼓が入り曲は弾むような早間《はやま》になる。栄芝は端唄の技法で細やかに節を付けてゆく。しかし色は付けない。淡々と三味線の流れに添わせてゆく。妙な思い入れをしない。こういうところが作曲者には嬉しいのではないだろうか。その歌詞は、

〽**我が恋は　細谷川の丸木橋**
渡るにゃ怖し　渡らねば　思うお方に　逢わりゃせぬ

小宰相《こさいしょう》に送った平通盛《みちもり》のラブレターにある恋の和歌がもとだが、後半は世俗的な恋の情景に変えてある。唄ことばの面白さを優先させて、さらりと唄う。江戸前なのだ。

このあとが鼓と三味線の掛け合いが聞かせどころ。打楽器としての三味線と鼓の相性の良さと撥さばきの技が冴える。そして「トッテンチンリン」と廓の光景の音になる。

しかし歌詞は、

〽**色即是空《しきそくぜくう》**　きぬぎぬの

前半の「煩悩菩提」と同様、読経、寺の鐘、その音の響きが仏教の教えに聞こえるという長唄「娘道成寺」や能の『三井寺』のパロディーであり、苦界《くがい》という廓の中に、抹香臭さをわざと入れて、独特の寂寥感《せきりょうかん》を声に忍ばせる。

〽**真如《しんにょ》の月の澄み渡る　眺め明かして苦の世界**
かかる浮世に川竹の　浮いた世界の蔭で泣く　背中合わせの**裏表**

華やかに見える遊郭。それを照らす悟りの月光。照らし出される遊女の人生の影。この最後のくだりの唄い方が、栄芝の真骨頂。特に消えゆくような女の心の声「うらおもて」を聴いてほしい。

曲としてはこれで終われるのだが、本條は色彩を加える。

〽**花**が**蝶**々か　**蝶**々が**花**か　**来**ては**私**を**迷**わせる

鮮やかな色彩の音を構成し、寂しさの中で、めいっぱい明るく栄芝が唄う。この、まさに「裏表」の不夜城の物語に波乃久里子は涙を流したのであろう。実際、尾上墨雪と「まるで『にごりえ』の世界だわねえ」と話し合っている声が聞こえた。樋口一葉の名作『にごりえ』は吉原ではないが下層の酌婦・お力の悲惨な人生を描き、劇団新派でも舞台化されている。

詳しく書いたのは、栄芝自身が大好きな曲で、この年、本條と久々に共演できた。4月の国立劇場。「猿若会」二代目猿若清方傘寿記念の公演。立方は向島あやめで実現した。そして、この10月の「俚奏楽公演」は昼夜二回上演。素の演奏会なのでまた趣《おもむき》が変わり、本條がさらに手を加えたという。栄芝の満足はいうまでもない。35回続いた栄芝リサイタルのほとんどは本條と苦楽を共にし、また本條の俚奏楽にも、たびたび客演している。

第十一章

再び俚奏楽の栄芝

九州の縁

小春日和の柔らかな日差しがガラス越しにやさしい桜上水の住宅地。本條秀太郎の自宅を久しぶりで訪ねた。

第一章から登場する重要人物だ。栄芝の記憶ばかりで書き進めると誤謬《あやまり》があるといけないと思い、確認するためだ。さすがは似たもの同士。過去にとらわれない。つまり、前だけを見て生き続ける二人。業績や思い出にこだわらないところにはびっくりした。簡単にいえば「あまり覚えていない」。でも、これまでのことを確認するとほぼ、間違いはなかった。

まず二人の出会いは九州、博多。唄った曲は「正調博多節」。これは一致している。しかし栄芝はNHKのテレビ民謡番組。本條の記憶では「本條会」だ。プログラムが残っている。博多サンパレスホールで三浦布美子や金沢明子をゲストに迎えての豪華な本條会。これに栄芝は出演し「正調博多節」を唄っている。これが初めてと本條は語るが、栄芝との初の出会いはこの数年前。立方《たちかた》が、赤坂の名妓・育子《いくこ》を迎えての「博多節」が早い。この時の本條の提案と演奏に栄芝が目を見張ったのは第一章に書いた通り。その成功を念頭に置きながら親しくなった栄芝をゲストに迎えたのだろう。「ほぼ」と書いたとおり二人の記憶は全く間違いではなく、九州、博多が縁だった。

またのちに栄芝の夫となる山下公爾男《くにお》と本條との出会いは、そのはるか前の鹿児島。山下は歌手の森進一がまだ楽団の手伝い「ボウヤ」をしていたころ、有名なキャバレーを経営していた。「山下さんとのキューピットはボク」と語る本條。不思議な糸で結ばれていた。

その本條の主宰する「俚奏楽《りそうがく》・50年」と栄芝とのかかわりを前の章で書いて疑問に思っていたことがある。栄芝のCDには、のちに俚奏楽の名前がついているが、初期のレコードは「舞踊小曲」だったり、まったく曲のジャンルが記されていないものが多いことだ。これは所属会社が違うことと、才能豊かではあるが藤本秀太郎で名を成していても「本條」の家元名ではまだ「若く」異端扱いをされてしまっていた。いわばレコード会社の都合であるらしい。だが、邦楽ファンは「曲」がよければ評判を呼ぶ。

順応性ある歌姫

「栄芝さんを、いいなと思うところはどこですか?」

「順応性があるところ、なんでも期待通りに唄ってくれるんですよね」

作曲者冥利、三味線演奏家にとっても得難い逸材ということだ。それは、本條からすれば小唄、端唄だけでもいいのにと思いながらも、栄芝は大和楽《やまとがく》、地唄、奏風楽《そうふうがく》……。いろいろなものにチャレンジし過ぎと思った時もあった。だが逆に俚奏楽という凝りに凝った作品世界からすると、その豊かな引出しから栄芝が作品を生かしてくれていることを再認識したのだろう。

母・息子ほど年齢の開きがあるのだが「鶴八鶴次郎」になぞらえてわたしが筆を進めてきた背景には、一緒にリサイタルなどやりたかったのに離れていた歳月があった。それについては、すでに書いた「失われた13年」。これは惜しかったですね？ と本條に話を向けると、「前ばかり向いていたので、気づくと10年を超えていた」という思いらしい。

本條秀太郎は俚奏楽だけでなく令和4年11月に「ＭＡＨＯＲＯＢＡ」という現代音楽の作品群を門弟だけでなく箏曲、打楽器の若手奏者に演奏させる公演をプロデュースした。作曲者は「高田新司」、本條の本名だ。こんな多彩な活動も続けている。

そんな中、令和4年は栄芝とたびたび共演し、令和5年正月、国立劇場主催の演奏会でもタッグを組む。

本條は栄芝との不思議な縁《えにし》を教えてくれた。出身は茨城県の潮来《いたこ》。少年時代、近所の家から三味線の音が聞こえる。垣根越しに覗いて聞き耳をたてていたという。その人が、のちに春日とよ栄芝の師匠になる、春日とよ福美だった。昔、潮来の花柳界で禿《かむろ》を経験し、水戸の大工町で名妓となり、春日の本流に迎えられていたという縁。

わたしも栄芝、本條ふたりとの最大の思い出は潮来だった。昭和63年に始まった「芸能花舞台」というテレビ番組の司会を務め栄芝とも本條ともスタジオでは何度も一緒になっていた。しかしスタジオは限られた時間での収録、多忙なふたりとは親しくなれない。それが平成12年チャンスがやってくる。スタジオの外で撮影したロケだった。それも潮来。泊りがけの取材なので出演者ともゆっくり話ができる。潮来の料亭を借りて、季節感ある「潮来あやめ旅情」の撮影。目玉は朝丘雪路の舞踊場面。そのために本條が作曲したのが「通り雨」。本條は、この曲に潮来甚句を忍ばせ、とよ福美との思い出も念頭に置いて作ったという。栄芝も大好きな曲に仕上がった。それから繰り返し、ふたりは舞台でも演じたが、残念なことに栄芝録音ではCD発売されていない。

通り雨

作詞作曲　本條秀太郎

〽月さえも　傘を着ている　水の郷《さと》
夢の浮き城　廓《くるわ》のあかり　渡る思案の　橋こえて……

水郷の水の流れが三味線ではっきりわかる早からず遅からずたゆたう水に廓の灯。傘をかぶった月明り。ぼんやり音ににじませ、恋の唄に入ってゆく。

〽あやめに似たる杜若《かきつばた》はあれど
主《ぬし》に見かえる　花はない　サッサ押せ押せ

甚句がうまくはまる。

三味線は早い流れと水しぶきを表現し、虫の声。故郷の景色をよく知っている本條ならではの唄世界。日本舞踊深水流《しんすいりゅう》家元、朝丘雪路の踊りも想像してほしい。

〽**色**も**香**も　ほのかに**花**あやめ　**咲**かせて　**散**らす　**通**り**雨**
〽**潮来出島**の　ざんざら**真菰**　**誰**が**刈**るやら　**薄**くなる

お囃子とともに変化に富んだ手踊りにもなる。

文字で読んでいただいても、この曲の魅力がわかるだろう。

本條は朝丘の踊りとともに栄芝が唄うことを意識した。民謡出身ではない栄芝は、さまざまな表現ができて、なおかつ故郷の情景が浮かぶ民謡テイストを交え、囃子を工夫する。栄芝の唄心を満足させるすべを知っていた。

この曲とともに、初夏の陽光に包まれたあやめの景色をわたしは忘れない。まさかそれから25年。このような文章が書けるとは思ってもいなかった。一期一会。ふたりに、いや亡くなった朝丘雪路さんにも感謝したい。

第十二章

90歳からの進化

小唄・源氏物語

令和5年、91歳の初春を迎えることとなった。壮健現役が何よりめでたい。この年末年始は「現役の演奏者として」重い課題をふたつ抱えていた。

ひとつは、年末の12月17日「源氏物語」演奏会。大きな仕事納め。

もうひとつは、新年1月28日、国立劇場主催「邦楽演奏会」で気の張る仕事始め。

令和4年は、充実していた。それは小唄、端唄などにとって大切な日本橋、三越劇場が使えるようになったため、演奏会が一気に復活したからだ。「栄芝会」はもちろん小唄、端唄の会の客演、演出依頼、門弟の会など目白押し。そんな中、俚奏楽《りそうがく》との本格的再会。本條秀太郎との共演も数多く実現した。三越劇場だけでなく、さまざまな劇場、ホールに出演していた。

そんな中、大きな話がやってきた。紀尾井ホールの企画公演への誘いだ。紀尾井ホールは新日本製鐵株式会社（現・日本製鉄株式会社）が二十周年を記念して、ホテルニューオータニ前の角地に建てたコンサートホール。大ホールは８００席。シャンデリアも豪華なクラシック専用ホール。小ホールは２５０席。国内でも珍しい邦楽専用ホール。箏曲《そうきょく》や長唄、義太夫、そして三味線音楽の演奏にはぴったり。邦楽演奏家の聖地ともなっている。貸ホールとしても使えるが、日本製鉄文化財団は優れた企画の主催公演を行ってきた。今回の依頼は端唄ではなく小唄。春日とよ栄芝としての出演。内容は『源氏物語』を小唄と箏曲、そして京舞で描こうというもの。共演ではなくそれぞれ単独の出し物。箏曲は山田流の「葵の上」京舞は地唄「葵上」どちらも能からきた格調高い古典。出演者はそれぞれ六代目山勢松韻《やませしょういん》、四世井上八千代と地唄に二代目富山清琴《とみやませいきん》。全員人間国宝だ。しかも山勢松韻は、箏曲界で初の文化勲章を受けている。

小唄にも源氏の世界を扱ったものはあるが、栄芝への依頼は漠然とした相談だった。いつものように「あら、そうなの？　それならね、こんなのがあるのよ」即座に提案できるのが栄芝ならでは。自分のリサイタルでチャレンジしたことを、思い出したのだ。

平成12年秋に開いた第二十一回リサイタル「栄芝の会」第二部が「小唄・源氏物語」だった。「末摘花《すえつむはな》」から始まって「六条御息所《ろくじょうのみやすどころ》」まで8曲を唄った。そのナレーションが十二代目市川團十郎だった。十三代目襲名の年にこれを再演する。そんな奇縁も重なった。團十郎との思い出は、第五章に記している。この年は、夫を亡くして初めてのリサイタルだった。二十回まで開いた直後の別れ。気落ちしていた。しかし、團十郎が出演している名古屋の御園座までわざわざ出かけ、ナレーションの録音を持ち帰るという奮闘ぶりにまで回復。そうして開いた公演だけに忘れられない。しかし、團十郎も今はいない。

山口崇《たかし》との再会

三十五回続いたリサイタルで初めて語りを入れたのは平成10年。第十九回リサイタルの「船遊女」。川端康成の原作をもとに「宮川寿朗」こと清元榮壽郎が作曲した作品。平景清が平家没落後、鞆《とも》の浦で遊女になっている娘と再会する物語。しかも景清は盲目というドラマチックな内容。随所に語りが入る。それをつとめたのが俳優の山口崇だった。

栄芝は俳優、山田五十鈴からも可愛がられていた。五十鈴は清元育ち。三味線も浄瑠璃や唄もこなす。俳優たちを集めて「ゆかた会」という勉強会を開いていた。二代目尾上松緑《しょうろく》、十七代目中村勘三郎の小唄のワキ唄を栄芝がつとめたこともある。そんな古くからの付き合いに、山口崇がいた。七代目杵屋巳太郎《みたろう》の弟子で妻（杵屋巳貴《みき》）も息子も長唄を演奏する一家。かつて山口崇が三味線、立唄をなぜか栄芝、ワキが奥さんという時もあった。86歳の山口の記憶で場所は日比谷芸術座、曲は「岸の柳」というが栄芝は、いつものように「あら、おぼえてないのよ」とか。

これも偶然だが、息子の山口太郎は東京藝術大学を出て、東音《とうおん》山口太郎、そして杵屋巳津也《みつや》の名前で唄方として頭角を現し、杵屋巳三郎《みさぶろう》を令和4年秋に襲名。12月歌舞伎座の十三代目市川團十郎白猿襲名披露の舞台では序幕の『鞘当《さやあて》』（四代目尾上松緑・十代目松本幸四郎）で立唄。さらに「歌舞伎十八番・押戻し」がついて十三代目が登場する『娘道成寺』にも出演。山口家もめでたい一年だった。

山口への語りの依頼はＯＫ。「葵上」が決まっていたので六条御息所を主軸とした「夕顔」「三つの車」に「六条御息所」の三作品で構成した。原作は北条秀司が書いた「小唄・源氏物語」。御息所が夕顔と葵上を執り殺す場面で小唄にしては重い。そこで山口が提案し「末摘花」を冒頭に置くことにした。これでいかにも小唄らしい内容となった。光源氏は、あまたの女性と恋をしたが美女ばかりではない。「末摘花」は鼻が赤く、額が広い。後半部分はこうだ。

〽末摘花とのきぬぎぬの　別れを惜しむ折からや
雪の気配のすきま風　はくしょん　**誰**やら　**噂**をするそうな

軽い導入部で「はくしょん」など小唄らしい。作詞は吉井《よしい》勇《いさむ》。実はこれを加えたことがよかった。作曲が春日とよ。栄芝がリサイタルでこれをやりたいと思ったのは、恩師、とよが亡くなって春日会の追悼演奏会にこの大曲がかかっていたことを覚えていたからである。「六条御息所」など、ほとんどは十四世杵屋六左衛門作曲。ところが「夕顔」は四世清元梅吉、「三つの車」は平岡吟舟《ぎんしゅう》となっている。今回、紀尾井ホールで奇しくも作曲者が全部異なる「小唄」を唄うことになる。出自は、とよが小唄、六左衛門は長唄、梅吉は清元でもあり奏風楽。平岡吟舟は東明流だ。小唄の魅力を教えてくれた「とよ師」への恩返しにもなり、多彩な音曲を学び、リサイタルにかけ、小唄、端唄に厚みを加えてきた栄芝が春日とよ栄芝に立ち戻って令和4年（2022）を締めくくることとなったのだ。軽かろうはずがない。

ここまで書くと「小唄・源氏物語」を聴きたくなるだろう。残念ながらCDにはなっていない。カセットテープに収められている。語りは十二代目市川團十郎。糸はとよ喜扇《きせん》。いきなり、あの先代團十郎の懐かしい声。少しかすれている。この月『勧進帳』の弁慶を熱演しての声枯れという。

「今にして思えば、私の一生は、女の香《か》に包まれた一生であった……」（光源氏の述懐）と始まる。死を前にした光の君が、ひとりひとりの女人に男の罪を詫びたいというもの。寂しいが滑稽な雰囲気の末摘花にくらべ夕顔は物の怪《け》にとりつかれ儚《はかな》くなった。源氏はその夜、六条御息所の生霊《いきりょう》を目撃していた。御息所は「三つの車」に載って来る。

三つの車　　　　　　　　作詞　平岡吟舟

〽**三つの車に法《のり》の道　家宅の門をや出でぬらん**

これは謡曲『葵上』から取った歌詞。能では「夕顔の宿の破《や》れ車」と続き、夕顔殺しの犯人が六条御息所と匂わせるが、この二行だけを採用し、低音で荘重に始まる。しかし小唄はガラッと変える。

〽そら出た　生霊なんぞは　おうこわや

ここは文字で書いても自在に唄う栄芝の声が聞こえてくる、能ガカリからいきなりの転調。小唄だ。

〽わたしの思いはこわいぞえ　なぞと御息所は
乙《おつ》ウすまして（能ガカリで）　おっしゃいましたとサ
のうまくさんまんだ　ばさらんだ

「こわいぞえ」から「なぞと（などと）」はびっくりするくらい間をあけず、だらだらしない。「おっしゃいましたとサ」「のうまくさんまんだ」の間も同様で、言葉切れのよさと、不動明王のお祓いの言葉「のうまく……」の低音がリズミカル。栄芝独自の境地。

そして、再び光の君が独白。十二代目團十郎は舞台で光の君を何度も演じた。父、十一代目も「海老様」時代から光源氏を得意とした。

紀尾井ホールでの糸は春日とよ喜扇弥《きせんや》。こうして「小唄・源氏物語」で令和4年を春日とよ栄芝は締めくくった。

とっておきの衣裳は白。そこに紫が淡くたなびいている。紫式部が描いた世界だ。60年前、とよ師の追善で耳に残し、25年前、自分のリサイタルで上演し、令和の時代に洗い直す。すべてに無駄がなく、90歳を過ぎても進化し続ける栄芝なのである。

気が重い（けれど楽しみな）新たな年の課題は、1月28日の「邦楽名曲選」。長唄、新内、箏曲などの音曲特集で「端唄の栄芝」が大きな柱。

やりがいのある、90歳からの新たな足跡。新年から目が、いやウサギ年だから
耳が離せない。

第十三章

91歳の初春

晴れ着

わざわざ、お願いしたのではない。この日も朝から自宅稽古場で終日、弟子と向かい合っていた。個人稽古なので、次から次。もちろん昼ごはんは抜き。ようやく終わったころを見計らって日も暮れた6時ごろ伺った。髪も着付けもまったく乱れず、撮影を待っていたかのよう。あまりに奇抜な柄なので、嫌がるのを無理に撮らせてもらった。

「お正月でしょ。せっかく持っているんだから、着てみようと思って……。こんな派手なの着る90歳っていないわよねえ?」

普通のご婦人ならとまどう柄行《がらゆき》と配色。これが、似合ってしまうのは、完全に着こなしているからだ。まるで普段着同様。びっくりした。

「もちろん、派手なのは承知よ。舞台で着るための衣裳として作ったのよ。総縮緬でしょ。だから温かいのよ。肝心なのは帯ね。白無地でなければ、合わないの」

わたしは着物についてては詳しくないが、古典芸能の世界は黒紋付だけでなく、さまざまな色や柄の和服の世界。それを見慣れているからこそ、素敵だなあと思ってしまう。正確には91歳の初春「あで姿」だ。

国立劇場さよなら公演

そんな令和5年は課題を抱えての越年だった。1月28日、国立劇場主催、初代劇場さよなら公演の「邦楽名曲選・演奏会」が待っているからだ。長唄、箏曲、琵琶、地唄などと並んで「端唄」に栄芝・本條秀太郎の名前が輝く。国立劇場は開場して56年。幅広い伝統芸能を網羅して企画上演してきた。その功績は大きい。公演記録はすべてネットでも検索できる。栄芝は栄芝、春日とよ栄芝、ふたつの名前で出演している。前にも少し記したが一番古い記録は小唄・春日とよ栄芝。数多《あまた》いる先輩を抜いて出演依頼があった。昭和46年のこと。まだ三十代という異例の若さ。そして回数を重ねるのは端唄・栄芝としての記録。52歳の昭和59年からの出演は令和元年の八十代まで続き、途絶えるのはコロナの時代。そして令和5年が、現在の劇場での主催公演の掉尾《とうび》を飾る。誤解ないように書けば、国立劇場出演は「春日会」はもちろん舞踊会やゲストに呼ばれる公演で、珍しくはないし回数は数えきれないほど多い。それではなく国立劇場の主催で選りすぐりの演奏者と競演することに大きな意味があるのでわたしは特記したい。

共演はもちろん、本條秀太郎。4曲を演奏する。わたしが、驚くのはそのうち2曲が初演ということ。普通は七十年の芸歴の中、手にある得意なものを唄うと思う。ところが栄芝はそれを採らない。なぜ？と聞けば、

「だって、本條さんと共演する、大切なチャンス。『こんな曲あるけど、やってみませんか？』といわれたら、そりゃ不安だけど挑戦するわよ。研究のし甲斐があるでしょ」

こうして、劇場主催公演では三回目になる「わがもの」と初めての「海晏寺《かいあんじ》」は栄芝選曲。「初音聞かせて」「浅くとも」は本條選曲でこの二曲が90歳を過ぎての栄芝の初挑戦となった。こんな芸魂がワクワクさせてくれるのだ。また手の内にある曲でも

本條らしい節を学びたいという。

「それを研究するのが、楽しくもあり、不安なのね」

４曲は春夏秋冬になっている。「初音聞かせて」「浅くとも」「海晏寺」「わがもの」の順。白梅・かきつばた・紅葉に雪。うまい構成だ。

初音聞かせて

〽**初音聞**かせて**春告げ鳥**や　ひとの**心**も**白梅**の
かごとがましき**嬉**し**泣**き　ええ　じれったい
恋が**浮世**か　**浮世**が**恋**か　ちょっと**一筆**　**懸想文**《けそうぶみ》

鶯笛のあと。本條の高音の唄声がのびやかに展開し、〽**恋**が**浮世**か　が最高潮。次の〽**浮世**　は軽くはずして、しゃれている。

「白梅」を本條は「しらうめ」と録音しているが、「しらんめ」と唄うかもしれない。

女声での〽ええ　**じれったい**　もたぶん栄芝節に工夫するだろう。

栄芝がテイチクデビューから十年。ビクター専属になってから本條秀太郎との貴重な音源は豊富にある。毎年アルバムを出したからだ。いわゆるＬＰレコード（33回転なんて言葉、わかる人は同世代）、５年連続で出すのは異例のことだ。そのアルバムの一枚に「海晏寺《かいあんじ》」と「わがもの」は収録されている。

「毎年のことでしょ？　本條さんと相談して、仕事の合間にパパっと曲を決めてスタジオ入りして録音したのね。でも、なんにもおぼえてないのよ」

専属歌手といっても端唄、小唄にはたくさんの人材がいた。いかに期待され、そして売り上げに貢献したかがわかる出来事。そんな話を聞き終えて、帰ろうとすると、

「ねえ、誰にも話してない、とっておきの出来事、葛西さんにいおうと思って……」

わたしは、とっさに怪我でもしたのか？　逆に正月らしい慶事があったのか？　と、頭が目まぐるしく動いた。

しかし栄芝の目は笑っている。栄芝恒例の「びっくりネタ」だろうと納得。

閑話休題

令和5年の正月事件

「実はね、年賀状事件があったのよ」

年末恒例の年賀状書きは、昨年も几帳面にこなした。「大変だから、無理しなくていいのに」と以前は思ったが、栄芝の性格を知るにつけ、余計なことだと納得した。一般の高齢者ではない。何十年と続けてきた「仕事納め」をしなければ気が済まない潔癖さが栄芝らしい。

その真面目さは、元日から、すでに炸裂。こんどは出していない人への賀状書きにかかわる。しかし「大事件」がおきた。郵便受けにいって、開けようとしたら暗証ダイヤル番号がわからなくなった。郵便受けいっぱいに詰まった賀状の束を隙間から見るにつけ、「どうしよう」と途方に暮れた。いつもなら管理人に聞ける。ところが正月休み。困惑して頭をひねる栄芝を想像していただきたい。マンションの住人とはほとんど交流がない。ふと、時々挨拶を交わす婦人を思いつき、ノック。在宅だったので相談。もちろん他人の郵便受けの番号はわからないが、栄芝がいかに困っているかを察し「あるもの」を手に一階へ。わずかな隙間からそれを差し込んだ。それは「孫の手」だ。それで少しずつ手前に掻き寄せては、はがきを立て「救出」する作戦。

かくして、すべてのはがきを回収したが話は続く。配達は３日も４日もある。毎日、配達時間に降りてゆくと、「あの親切な方がね、孫の手を持って立って待っててくださっているのよ。申し訳ないけど、その姿がおかしくて、おかしくて……」げらげら笑う栄芝さん。

これが若さの秘訣。困った時、誰かが助けてくれる。この女性は栄芝がなにものかは知らない。単に住人仲間として同情、協力してくれる。感謝で頭が下がるが、でもおかしい。口が緩みっぱなしの栄芝を想像してほしい。この話を正月エピソードとして、ふだんはお弟子さんにしゃべっていたはずだが。わたしのために「とっておいた」とか。

この無邪気さが素敵ではないか。

第十四章

出会いと別れ

清元梅吉《きよもとうめきち》

「梅吉先生に、お世話になったのよ。ホント、いい方だった。惜しいわねえ。奥さんに電話かけるの悩んだんだけど、意外に元気なお声で安心したわ。聞けばね、苦しむこともなく眠るように、ご自宅でお亡くなりになったんですって」

人生長生きすれば、多くの別れと出会うことになる。「梅吉先生」とは四世清元梅吉。清元流二代目家元。三味線の名手で作曲家。人間国宝だった。令和5年1月20日に没している。高輪《たかなわ》派の清元延寿《えんじゅ》太夫と手を組んで梅派との両派結束に向け動いた立役者である。それが平成22年、2010年のことだった。また梅吉は「奏風楽《そうふうがく》」

という一流を立て、多くの作品を残した。栄芝はその作品にほれ込んだ。唄いたくて仕方がない。しかし、梅吉は女性長唄演奏家の第一線で活躍していた芳村伊十衛《いそえ》、今藤美知《いまふじみち》、杵屋佐臣《さおみ》この三人にしか唄わせていなかった。そこで、まず人を介して許可は得た。なんとしても唄うのだという思いは伝わった。なぜなら、毎年開催するリサイタルの企画で奏風楽を唄いたいと決めたからだ。「とにかく、ステキなのよ。いい曲ばっかり、唄いたくなるワ」

梅吉の自宅へ予定より早く着いた。なんと梅吉ご本人が出迎えた。それから稽古予定の11時までの30分間、おめず臆せず話し込んでいた。無口で一見、不愛想に見える梅吉師を想像していただきたい。まったくの初対面ではなく栄芝の活動は梅吉も知ってはいたが、栄芝はもちまえの勢いで話しかけ、思い出話に花が咲き、二人で笑い声さえ立てた。梅吉は面食らったかもしれないが、栄芝「口撃《こうげき》」もお嫌いではなかったらしい。そして三つの作品をじっくり稽古。作者の目の前で、曲を修めた。それを終えてから、あらためて梅吉にこう聞いた。「ねえ、先生？　あたしね、先輩たちから、何唄っても栄芝節になっちゃうからだめだよっていわれるんですけど、このお作もそうなっていたと思います。どうしましょう?」。梅吉の答えは苦り切るどころか、相好を崩して「個性だからいいんじゃないですか栄芝節で」と応じ、注文はつかなかった。栄芝は長唄の先の三人のうまさを知っている。長唄も稽古したが、長唄の唄い方の魅力「押唄《おしうた》」の技法をあえて取らなかった。奏風楽の良さを栄芝なりに表現したかったからだ。謹厳実直の師匠が栄芝に見せた理解は、それとなく栄芝の芸を知悉《ちしつ》していたからこそのことだったのだろう。

それを第二十八回のリサイタルで「華蔭風韻《かいんふういん》」と題して演奏。春「つばくらめ」、夏「あぢさい」、秋「へちま」の三曲だ。「江戸の粋・小唄づくし」、風間杜夫の小《こ》咄《ばなし》を入れての第一部のあと、第二部で披露することができた。平成19年(2007)11月のことだった。

その後も、梅吉とは付き合いが続き、奥さんと3人での食事会や、金沢の音楽堂でのたくさんのスナップ写真など公私ともに思い出がいっぱいという。築地本願寺で行

第二十八回リサイタル
「栄芝の会」での
風間杜夫は小咄で共演

われた通夜、告別式、どちらにも参列。寒さ厳しい中の野辺送り。律儀で礼節を忘れない栄芝の姿があった。実は、梅吉も昭和7年生まれ。同い年の名人との万感の永訣《わかれ》となった。

八代会長としての夢

実は、この同じ平成19年に栄芝は春日会、第八代の会長に就任した。これまで数代の会長を副会長として支えてきたが、いよいよ栄芝の出番となった。春日会だけでなく小唄の世界を盛り立てようとひそかに練っていたアイデアを次々に実現していった。ひとつは「春日会館」近くにある下町風俗資料館の付設展示場「旧吉田屋酒店」、江戸前の風情ある店頭で「谷中小唄めぐり」を開催したり、台東区の「一葉記念館」での「一葉小唄ごよみ」を始めるなど、世間に打って出る、積極的なPR作戦をめざした。思い付きではなくいずれはやりたいと思いを温め、地域関係を築き、何度も催した。また会内部に向かっては講習会、研究会を計画的に進め、質と芸の向上を共に目指した。その表れの一つは、新しい春日の流儀の曲を作ることにあった。これまで、初代の春日とよの作品はたくさんある。また代表曲は「春日三番叟」に決まっていた。

春日三番叟

作詞・平山蘆江／作曲・春日とよ

〽**おうさえ　おうさえ　喜びありや　喜びありや**
わが喜びは　春の日を　春日と呼んだとよの秋
十たびを七つ繰り返す

小唄の団体のご祝儀ものにぴったり、〽**十たびを七つ**　春日とよ師・古希の祝賀曲か。昭和25年、新橋演舞場で盛大な古希演奏会が開かれている。さらに短い春日曲では、作詞作曲は三番叟と同じふたりのこの一曲。

春日野

作詞・平山蘆江／作曲・春日とよ

〽**春日野**の　**薄紫**のすそごろも
しのぶの**乱**れ　**限**り**知**られぬ
わたしの**思**いを　**糸**にたよりて　**謡**《うた》うひとふし

〽しのぶ　の文字があるのは、春日会お揃いの水色地の夏衣裳(床着《ゆかぎ》)。柄が「しのぶ草」だからである。財団創立や春日会創流の経年記念大会には必ず演奏されてきた。しかし、栄芝は新しい春日会の曲を作りたいと構想を練っていた。

今藤政太郎《いまふじまさたろう》

実現したのは平成23年。一般財団法人としてスタートした春日会の五十周年。それを寿ぐ曲として栄芝が企画した。作詞は東龍男《あづまたつお》。ＮＨＫ邦楽番組の放送作家であり、ラジオの「邦楽ジョッキー」の構成もながらく担当してきた。「栄芝の会」の台本もたびたび構成してきた旧知の仲。ただ「書いてちょうだい」ではない。細かい意図を伝えて詩にしてもらった。テーマは「花」。小唄らしく春夏秋冬で構成。春は「春日会館」のある上野桜木から「桜」ははずせない。藤、あやめの初夏から下町の祭礼そして先述の「しのぶ草」を指定。秋は菊、萩に加え紺地の床着《ゆかぎ》柄が「紅葉」なのでやはり必須。冬の「雪割草」で締めくくる。作曲は長唄三味線の人間国宝、今藤政太郎。意外な人選だ。これも栄芝でなければありえない人間関係。出会いは自身の三十回記念リサイタルであった。平成21年。二年前にさかのぼる。

第一部に「春日三番叟」を朝丘雪路の祝儀舞をつけて出し、第三部は端唄尽くしの「江戸の粋」。これだけでも豪華だが、第二部にくだんの風間杜夫を招いて語りを演じてもらった。タイトルは小唄「太宰治物語」大曲だ。生誕百年に因んだというが作曲が今藤政太郎。栄芝にとって忘れられない衝撃の作品になった。最後の「太宰治ッ!!」という部分、栄芝に絶叫させたのだ。30年という長きにわたり積み上げてきた実績。栄芝ならできると踏んだ作曲だった。だから次に依頼する曲は、「ぜったい、政太郎師」

と決めていたのだ。

かくして記念大作「春日の花」は人間国宝・堅田喜三久《かただきさく》の作調とともに完成した。これを講習会にかけ、春日会会員に稽古した。しかし、若い会員は唄えない。いわゆる小唄だけを学んできた人には難しい曲だった。栄芝にはなんでもない風合いが出ないのだ。じれることなく、少しずつ、噛んで含めるように解き明かし、口移しのように稽古を重ねた。栄芝にとっても勉強になり、会員全員のレベルが磨かれたのはいうまでもない。それから三年。その成果を世に知らしめるチャンスがやってきた。創流八十五周年。平成26年。春日会全国記念大会でのこと。会場は国立劇場で総監督の大役だった。栄芝の演出力は群を抜く。開幕に新曲「春日の花」を持ってきた。出演者は160人。雛壇を六段に組み勢揃い。その中央に栄芝が座し、全員の音を揃えた。開幕時の客席の歓声と幕が下りる時の拍手はご想像いただきたい。

さらに5年後。平成31年、創流九十周年も国立劇場での開催が実現した。栄芝は同じ演出はしない。開幕曲は「川」田中青磁《せいじ》の詞、とよかよの曲、昭和四十年代に、とよ福美、とよかよがレコーディングした小唄組曲。プログラムの最後は「春日三番叟」

と「春日の花」。前回とは趣向を変え、回り舞台を駆使して「春」「祭」「秋」、そして「雪」という構成にした。これで150人の出演者が遅滞なく全113番を演奏できた。見事で、聞きごたえある、記念演奏会になった。

国立劇場は「さよなら公演」を令和5年10月にすべて終え、わたしは閉場式典の司会をつとめた。開場当初からさまざまな舞台を見続けた観客として万感胸に迫る思いがあった。その「国立劇場」での春日会九十周年が「間に合った」のだ。コロナ襲来の令和が幕を開ける一週間前のこと。すべてが実現できたのは僥倖《ぎょうこう》としかいいようがない。

八十五周年と九十周年のプログラムに「深水《しんすい》」と署名がある。朝丘雪路の父、伊東深水の絵である。その深水、雪路に堅田喜三久《かただきさく》、さらに清元梅吉、リサイタルを演出した駒井邦夫……。みな鬼籍に入った。栄芝の手腕を支えてくれた精鋭の方々。その恩寵《おんちょう》は、栄芝の芸に今、生きている。合掌。

二人目は俳優の風間杜夫だ。度々栄芝のリサイタルのゲストで出演しているのは書いてきたが、回数も圧倒的に多い。栄芝大のお気に入りの俳優だ。

「風間さん？　素敵なのよ。まじめでね、あたし大好きよ。芸もいいわね。ひとり芝居も見に行くのよ。それに落語だってできるじゃない。だから、小咄《こばなし》でつづっていただいたこともあったわよ。大助かり」

ここまでは風間讃歌。風間は多忙だ。２０２４年は全国巡業の芝居をしながら、東京での別の公演の稽古に戻って来るの繰り返し。今年75歳、後期高齢などの文字を吹き飛ばす活躍、その合間を縫って話を聞いた。

律儀なお師匠さん

風間　杜夫

初めてお目にかかったのは、波乃久里子さんからご紹介いただいた時です。久里子さんとは何度かご一緒の舞台を踏みましたが、新派公演に初参加したのが『風流深川唄』です。それ以後『鶴八鶴次郎』『婦系図《おんなけいず》』『女の一生』などたくさん共演させていただきました。

栄芝お師匠さんに初めてお会いしたのは『風流深川唄』の時だから2005年。20年前ですね。久里子さんの演技アドバイスに来ていらっしゃいました。それが初対面です。

音曲の三味線といえば『鶴八鶴次郎』鶴次郎は新内の三味線弾きの役。さらに、その前『風のなごり・越中おわら風の盆』という芝居でも新内《しんない》流しの役をつとめていたんですね。その時は人間国宝の新内仲三郎さんに三味線をお稽古していただきました。そんなことがあって、本格的に三味線を習いたいなあと思って、久里子さんに相談したんです。

実は、初代の柳家三亀松《みきまつ》っていましたよね。柳家金語楼《きんごろう》と人気を二分していましたけれど、三味線漫談、特に都都逸《どどいつ》が有名でした。わたしは、寄席《よせ》が大好きですから、いつかひとり芝居で三亀松を演じたいと思っていたんです。吉川潮さんの小説『浮かれ三亀松』を読んでひらめきました。三亀松は小唄も端唄も得意でしたから、栄芝師匠はぴったり。若いころ、ギターが好きで、筋がいいって褒められたもんだから、三味線もいけるかな？ とも思って師匠の下《もと》に何回か通ったんです。親切でしたよ。丁寧な教え方。褒め上手ですね。でも仕事がだんだん忙しくなって、なかなか自由な時間が取れなくなってしまったんです。それでも、弟子扱いしてくださって、リサイタルにお声かけていただいたというわけです。

内緒ですが、何回も「デート」しているんです（笑）。食事ですよ。ホテルでの洋食も、浅草の裏通りのお店も、六本木のカウンター割烹も、人目に付かないところにご案内していただいて、おいしかったけれど話がはずみますよね。さっぱりしたご気性は江戸っ子らしいし、わたしも気楽に女房とのなれそめなんか話したりして……盛り上がりました。

そう、お目にかかったことはないんですが、ご主人の山下さんのこともよく、お話になっていました。豪快な方だったらしいですね。わたし、着物いただいたんですよ。それも紬かな？　とてもいいもの。もちろん仕立て直して愛用しています。

久しくお目にかかっていないと思っていましたが、コロナの時、楽屋には入れませんが芝居だけは見に来てくださっていたようで、ほんとうに律儀なお師匠さんです。

お召し物も素敵で、華やかで、チャーミングですよね。わたしのことは「風間さん」「風間さん」って親しく呼んでくださいます。

そうですか、90を過ぎても背筋はピンとしていらっしゃるし、すごいですね。

いま新宿の新しい劇場「シアターミラノ座」での芝居『ハザカイキ』の稽古中で、そのあと大阪公演までありますが、落ち着いたら、「デート」にお誘いください。お元気で。

第十五章

春日の花

一日二食

「あら、ちょうどよかったワ。いまご飯食べてるところ」

「ああ、すみません。かけ直します」

「いいのヨ。やっと落ち着いたところだから」

これが、およそ11時ころ。午前ではない、深夜の会話。長年の取材で、栄芝は昼ご飯を食べる時間がない。朝から夕方まで、ぶっとおしの稽古。ほかに会議、打ち合わせ、自宅に戻れば、春日会や門人たちの演奏会のプログラム作り、事務作業……。「忙しいなんて　絶対書いたらイヤヨ」と釘を刺されているのにもかかわらず、「釘を抜いて」

みなさんに知ってほしい。その底力のもとは、一日二食でも、バランスよく自身で食事を作り、摂る。そんな暮らしを何十年も続けている。ある意味「規則正しい」過ごし方をしているといっていいだろう。家事全般をこなすのは「運動」と考えている節もある。とにかくキレイ好き。電話をしながらの拭き掃除、夫が元気なころは、食べている先から、あいた皿を片付けるので夫がびっくりしていたと邦楽研究の小島美子《とみこ》が、リサイタルのプログラムに書いていた。いい意味で「ゴーイングマイウェイ」。病気知らずの秘訣かもしれない。

令和5年4月9日には三越劇場で恒例の「栄芝会」が開かれた。その準備もそうだ。今回は全108番だった。

「印刷前に確認するでしょ、必ず間違いがみつかるの。四回は見直し、やり直しするの」プログラムと首っ引きである。高齢になると視力が落ちたり耳が遠くなったりが当たり前だが、電車の中で文字をチェックできるし、読書もする。「びっくりぽん」だ。

春日の花

プロデューサーとしての手腕は春日会会長になってからの業績で前回紹介したが、そのうちの一つ。春日会の新しいオリジナル曲「春日の花」を委嘱して、会員に講習会を受けさせ、八十五周年の大合奏、九十周年のまわり舞台合奏を成功させた。その講習会用テープを聴きながらこの稿を書いている。栄芝の弾き唄い。

春日の花

作詞・東龍男　作曲・今藤政太郎

〽**上野**の**山**に**咲**く**花**は　いずれおとらぬ　**名花**なり
名取ゆかりの**春**の**日**に　あまた**実**をなす　とよのとし

流祖・春日とよの名を読み込み軽やかに始まるが、音程を取るのが難しそう。春夏秋冬で17分余りある。変化をつけなければならない。今藤政太郎師の工夫が随所にあるが、小唄の技量だけでは唄いこなせないかもしれない。栄芝はその質を揃えることに腐心したという。

〽**紫の　藤もあやめもいつしかに　夏のまつりの　染だすき**

夏のくだりは一気に早弾きでテンポよく祭りの雰囲気。短い合方《あいかた》が入り、

〽**祭りだ　〳〵　〳〵**

〽**オーエン　エンヤリョー**

ここは高音ではなくわざと低い声で引き締める。

夏の後半の歌詞には栄芝希望で「釣しのぶ」「音もしのぶ」と春日会のそろい衣裳の柄「しのぶ草」を入れてある。

秋は虫と紅葉　紅葉も春日の床着《ゆかぎ》の柄だ。

〽残る虫の音　十三夜　尾花に添うた
思い草……田毎にうつる月ゆれて

しっとり秋の風情に変わる曲想。「田毎」は、たごオと、としゃくるように音階をあげてゆく。「ご」の鼻濁音が美しいし、鼻にかかる音で色香が出る。このくだりの最後「こぼれ萩」の「ぎ」の鼻濁音も生きる。

「紅葉」の光景が唄われ、「イロハもみじ」とさらりとつなげる。感心したのは「イロハ」とさらり唄ってしまいそうだが、「いろおオ」とのばして、「は・もみじ」とさらりとつなげる。まさに錦の競演の風景だから「色」さまざまを想像させる唄い方、天性のカンが働くのだろう。

最後は「雪」。

〽雪をふとんに　ねむる山
夢で　見染めた　寒牡丹

はじめは抑えた声で〽**ねむる山**まで唄う。その先を、なんと栄芝は民謡風に唄っているではないか。

〽**ゆうめええて　みそめええた　かんぼたあああん**。このくだり、声を張り上げず意味を込めず、メロディー優先で唄って光る。この多彩さだ。

この曲のデモテープを聴いて、学ぶ会員は苦労しただろう。しかし栄芝は、嚙んで含めるような講習を繰り返し、二回の記念全国大会に記念曲が花開き、令和6年の九十五周年の演奏会で三度目の大輪が花開くこととなる。

令和の新譜　端唄でつづる旅・前篇

栄芝の唄声はクラウン時代からレコード、カセットテープ、そしてCDにたくさん残されている。令和になって出されたCDを紹介しよう。『端唄でつづる旅 前篇/栄芝の端唄』だ。ビクターが母体の(公財)日本伝統文化振興財団から令和2年(2020)に出た。コロナの嵐が吹きまくり、オリンピックが異例の順延となった年だ。

「これはね、とっておきなのヨ」と嬉しそうに語る。栄芝のCDはビクターのスタジオ録音がほとんどだが、珍しいライブ盤。第十四回リサイタル「栄芝の会」のもの。平成5年のことだ。前の年、文化庁の芸術祭に参加し受賞している。小唄端唄の世界からは初めての受賞という快挙だった。第一部は「小唄でつづる・すみだの川風」、そして第二部が「端唄でつづる・旅」、これを収録した。前半の「お江戸日本橋」から大阪の「堀江の盆唄」までの7曲が入っている。「とっておき」は三味線が盟友の本條秀太郎、お囃子は人間国宝・堅田喜三久《かただきさく》だからだ。

「お江戸日本橋」で旅のスタート。もちろん会場の三越劇場を意識している。ニワトリの声を入れ早朝の江戸。ゆっくり唄い始める。そして、神奈川県から静岡県に入る。「峠茶屋」作詞作曲は本條秀太郎。

〽**西は夕焼け　ふもとは日暮れ**
山にゃ　すすきがホイのホイ　穂で招く

〽**箱根八里は馬でも越すが**

となる。栄芝はのびやかに声をあげ、ゆったりと唄う。

三曲目の「川止め」大井川をテーマにやはり本條の作詞作曲。この二曲は栄芝初挑戦だった。

四曲目は「遠州浜松」俗謡だ。栄芝はクラウン時代から小唄以外に民謡、俗謡さまざまなものを吹き込んだし、放送でも希望されれば唄っていたので、

〽**遠州浜松　広いようで狭い　横に車が二丁たたぬ……**

世に知られたこの唄ことばを「ヨイト　ヨイト　ヨイト」と弾んで結ぶ。

そして眼目は三重県「伊勢土産」。これは10分20秒の大作。

〽**坂は照る照る**

〽**五万石でも岡崎様**

〽**桑名の殿さん**

などを織り交ぜ、〽**ヤアトコセ　ヨイヤナ**　と伊勢音頭につなげてゆく。〽**おとまりならば　泊まらんせ**　のくだりは栄芝が稽古した清元の「喜撰」に採用されているので、清元と民謡のあいの意気で唄っている。また本條も古典と民謡の間をゆく。

〽**お風呂もどんどんわいている　障子もこの頃張替えて、畳もこの頃替えてある**　この清元の歌詞を写さず、〽**お風呂もサテサテいい湯加減……行燈　畳も真新し**　と新感覚の変化を試みる。これが俚奏楽《りそうがく》なのだ。天才的な才能を持つ二人が知らず共鳴し合うのはこのあたりにある。

六曲目は「祇園小唄」。江戸前の栄芝が「だらりの帯」の風情に取り組む。仕事で京都には頻繁に出かけ、芸妓舞妓とも交流がある。舞や囃子などで腕のある芸舞妓を見極める楽しみがある。しかし、逆に厳しい。東京も含め今の花柳界の「芸」には、首をかしげる。「どうして研究しないのかしらね」との言葉。関係者にぜひ聞かせたい。

七曲目は「堀江盆唄」。「この唄好きなのヨ。しゃれているわよね」とお気に入りの一曲。

〽かんてき割った　すり鉢割った
〽それ　すいか　それ　まっか　やきなすび

「まっか」はマクワウリ。スイカと同様、夏の水菓子。「やきなすび」のあとに〽くいたい　くいたい　という囃し言葉。これは本條の声というプレゼント入りだ。民謡につきものの、唄囃子専門の唄い手はいない。栄芝は「民謡」テイストのものを唄う場合、決して唄囃子を使わず、本来は全部自分が唄ってお座敷民謡を完成させる。小唄、端唄の唄い手が取り組む民謡という誇りがある。その、囃子ことばの栄芝流の工夫が、本條と組む醍醐味なのである。

リサイタルの研究成果はこうして実り、コロナのさなか、世に問うたのだ。そしてコロナの先が見えてきた令和5年、ようやく「後篇」の10曲が発売された。どんな時も停滞を見せない栄芝といえよう。

第十六章

令和の新譜

ある一日

令和5年6月20日。この日も栄芝は多忙だった。この年の3月7日に亡くなった邦楽の友社・社長守谷幸則《もりやゆきのり》を「偲ぶ会」の陣頭指揮を執っていた。供花の発注や会食の手配、会場のしつらえ、びっくりする行動力だ。今は高齢になると冠婚葬祭の場を遠慮しても失礼にあたらない時代。でも、昔ながらの儀礼や報恩の思いは90歳過ぎても、揺らぐことはない。

大役を終えさらに国立劇場へ。こちらは88歳の米寿を迎えた、長唄三味線の人間国宝・今藤政太郎《いまふじまさたろう》の演奏会。ご本人はパーキンソン病を患ってから演奏を封じてはいるが、作曲家としてあまたの名作を残している。特に今回は「死者の書」を松本幸四郎と尾上紫《ゆかり》が振りをつけて、さまざまな演奏者を見せたり消したり、小劇場の舞台機構を存分に生かした「見せる演奏会」「立体的な音曲」を実現し感動的な内容だった。栄芝は、最後尾の目立たない席に身を沈め鑑賞していた。

栄芝弾き唄い

「疲れた」などひとこともいわない栄芝はその二日前も同じ国立小劇場に出演していた。

日本舞踊・旭流《あさひ》（家元・旭七彦《ななひこ》）の公演である。会主が前の月、脊柱管狭窄症《せきちゅうかんきょうさくしょう》の手術を終えたばかりで満足に踊れない。そこで最後のプログラムを座談と舞台復帰の小唄振りという企画で会主を応援しようという役割だった。会主を「ななひこちゃん」と呼ぶ栄芝。各界の著名人と交流がある栄芝は親しくなればすべて「ちゃん」付け。

客席は気さくな会話に大受け。旭七彦とは長い付き合い。尾上流や葵流などを経て昭和56年に国立大劇場で開いた旭流の発足舞踊会のプログラムをみると「小唄・其姿旭四季《そのすがたあさひのしき》」とある。栄芝が演奏した「小唄振り」のコーナーだ。あとに出演する長唄の演奏者が「いつになったら終わるの？」と七彦に聞いたエピソードが語られた。小唄で春夏秋冬なら15分から20分で終わる計算。だれもがそう思っていた。ところが全部で90分！ の長尺舞台だったのだ。全23曲。すべて、ひとりで唄い続けた。踊った人はのべ16人。時間がかかるはずだ。

栄芝は全国の家元が集まる小唄演奏会などで2曲は唄わない。かならず1曲と決めている。これが栄芝の美学だ。ところが、この大奮闘。これは旭七彦らしい創流の思いがある。七彦は若いころ、新橋の花柳界を指導している師匠に学んだ。芸者は踊りの小唄振りや地方《じかた》（演奏）で小唄、端唄を学ぶ人が多い。その体験から、日本舞踊の世界で小唄、端唄の採用が少ないことに疑問を持っていた。そこで創流の記念舞踊会では他流が取り上げない小唄や端唄の踊りも旭流の特色にしようと考え、評論家に相談した。そこで挙がったのが栄芝の名前。43年前の出来事である。当時、

50歳になろうとしていた栄芝は破竹の勢い。35年続くリサイタルの第一回を成功させた直後だった。自分のリサイタルでは長時間ひとりで唄い続ける。七彦の企画にもぴったりだった。

そこで、今回は小唄「ぶらりっと」と端唄「なすとかぼちゃ」を並べて、七彦が踊った。珍しいのは、糸（三味線）を別につけず、栄芝の弾き唄い。これもめったにない。つまり会話を楽しみながら、しゃれでちょっと踊る、座敷での有様《ありよう》を見せるという趣向。茄子とカボチャが喧嘩をして夕顔が仲裁する曲は有名だが、七彦はカボチャをいたずらなおじさん、茄子を色の黒く融通の利かない人物、そして夕顔をおせっかいなおばさんに演じ分ける。必要以上に踊り込まない自在さが素敵で、最後は垣根を修理して漁夫の利を得た大工が下手に引っ込み、ちらっと顔だけ再び出し、「しめしめ」の表情。短い時間に存分に楽しめる内容だった。これは端唄振りで踊る人は多いが、珍しいのは「ぶらりっと」かもしれない。

ぶらりっと

〽ぶらりっと　してはいれど　瓢箪《ひょうたん》は　飄げて丸く　世間を渡る
身は店借《たなが》りの気散《きさん》じは　月雪花《つきゆきはな》の酒《ささ》機嫌……

瓢箪の形態になぞらえて擬人化している、栄芝はあくまでサラッと唄うから世界が広がる。だらっと下がって、のんびり世渡りしているようだけど、意外にしっかり者なんだよと、風雅な人を描く七彦の江戸前にスケッチの絵が見える。

また「店借り」という長屋暮らしの言葉が「棚借り」瓢箪棚の言葉に掛けてあり、次の「なすとかぼちゃの喧嘩」につながる、巧みな構成。これも、ふたりの阿吽《あうん》の呼吸で決まった舞台。見事というほかはない。小唄、端唄は短いから簡単ではなく、実に奥が深く、それを踊りで立体的に描くというのは至難の業だということに気づく。互いの芸が深く鑑賞できたひと時だった。

令和の新譜　その2

前の章で令和2年の新譜「端唄でつづる旅」を紹介した。その後篇が出た。三味線も選曲も本條秀太郎。栄芝にとっては、ほとんどが初めての曲。それを学び披露するのが「リサイタル」だという考え。手の内にあるもので毎年できるわけでもない。

まずは「有馬湯女節《ありまゆなぶし》」。兵庫県民謡を座敷唄にして、中音でゆったり唄う。湯気がのぼるように展開する。

〽**枝**も**栄**ゆる**若**みどり　**仰**ぐにあかぬ　**御代《みよ》**ぞ**久**しき……

格調の高さが身上だ。

続いて「阿波のうずしお」は本條作曲の俚奏楽。胡弓が忍び音で響き、やや高音でしっとり始まる。

〽**帰**りそびれた**残**りし**月**は　のぞきこまれた**夜半《よわ》**の**風**

するとどこからともなく「阿波踊り」の「よしこの」が近づいてくる本條の技。「えらいやっちゃ　えらいやっちゃ　ヨイヨイ〳〵」が本條の声。ここからいきなり場面が変わって阿波踊りの女に変化。栄芝はどこから出してるの？という高音で「阿波の殿様《とのさん》」を唄い上げてゆく。「同じ阿呆なら踊らにゃそんそん」と本條が締めくくり、突然音が切れる。ふたりならではの共演お見事！のひとことにつきる。

続いて「どんがらがん」の鐘の音になぞらえているからかそのまま4曲目「大乗寺」「奥山に」の短い曲が続く。

「大乗寺」は、お囃子がチャカポカ入って、歌詞も鐘の音が「びっくりしゃっくり」響くというたわいもないものだ。栄芝が大真面目に唄うので逆に愉快に聞こえる。〽**エントコ　エントコ　エントコエン**の囃子ことばを必ず自分で唄うのが栄芝風。

そして俚奏楽「螢茶屋」。

〽**見渡せば鶴の港は長崎の　珍しいものの数多く**
バテレン　オロシャの凧《はた》げんか　出船入船　賑やかな

スピードを緩め、ウインドハープのような透明感ある響きを入れ、夜の静けさと女のさみしさを演出し、栄芝が唄いこむ。三味線が聴いたことあるメロディーにかわると「山中節」。

〽**送りましょうか……せめて峠の茶屋までも**

栄芝の喉のきかせどころ。〽**せめて　峠のイヨ　茶屋までも**　などは最高だ。ゆっくり三味線がおさまると、笛の音から太鼓の波音。

〽**沖のエー　沖のみつせを白帆が通る**
あれは　オランダなつかしや

これは「長崎浜節」を取り入れている。栄芝の唄を聴いていると沖ゆく船や雄大な海景色が広がってゆくのである。ここも実にしゃれた本條の手の内にある音曲の取り合わせが生きている。

そのあとは「ポンポコニャ節」「キンニョムニョ節」「キンキラキン」。

いずれも熊本県民謡でもあり俗曲。たのしい言葉の響きで旅の風情を味わえる。中でも「キンキラキン」は若いころ、大勢の歌い手が出演したステージで唄った一曲。ハンドマイクで下手からこの曲を唄いながら出て大喝采。稚気《ちき》溢れる若き日の栄芝。それを見ていた人からレコード会社の縁につながり、様々な唄を「唄わされ」て、レパートリーを増やし、本條の選曲にもこたえることができ、リサイタルへとつながってゆく。栄芝の人生が次々に変わってゆく思い出の曲だ。それを知って聞けば〽**キンキラキンのガネマサドン** の〽**ドーン** が愉快に響いてくる。最後は「鹿児島三下り」。

この年のリサイタルを締めくくる唄声。ライブ録音なので、声枯れするどころか絶好調がわかる音源。本條の三味線の音が切れると「大当たり！」の掛け声や拍手とともに、生き生きした栄芝節を楽しめる一枚。

第十七章

たいしたもんだわねえ

リサイタルの歩み

今回あらためて、リサイタルを振り返った。昭和55年（1980）、第一回が48歳の秋……。それから三十回で78歳。これだけでも金字塔だ。一度も休むことなく、三越劇場という一流の会場も変えずに続けてきた。本人は、もうすぐ80歳という年齢が頭によぎらなかったのだろうか？

「アタシね、大変だと思ったことないのよ。毎年終わるでしょ。次のことはまだ考えないの。だって、やんなきゃいけないこと、たくさんあるのよ。春の〈栄芝会〉もそうでしょ」

そうだ、これも回を重ね毎年4月、三越劇場での恒例行事。昭和35年からだ。回数は、リサイタルをはるかに上回り、現在も続いている。休んだのは、東日本大震災の翌月とコロナ禍の令和2年、3年の三回だけ。これは春日会ではなく、とよ栄芝個人の門弟の発表会。弟子に任せて、最初と最後だけ栄芝が演奏し、挨拶して終わる？　そんな会ではない。全プログラムの並び、曲目の勘案、さらには立方《たちかた》（踊り）をどこでどう配するか……。演出も考える。なぜかといえば、客は出演者の出番の数曲前から客席に座り、終わったら楽屋訪問、そして帰る。もちろん、最後まで立方の踊りやとよ栄芝の演奏を心待ちに楽しむ人もいるが、入場者は常に流動する。これが、おさらい会だ。長年の経験で、客席を常に満席状態にしたいのが栄芝。活気ある客席をも演出するため、門弟の出演順がとても大事になる。そして長時間、鑑賞する人のためには飽きさせない曲構成。その準備作業を、すべて一人でする。こうした自身の会への目配り体験が、春日会や他流との合同演奏会、邦楽演奏会、そしてリサイタルなどの演出にまで生かせてきたのである。

「栄芝会」の65年

では具体的に、栄芝の「栄芝会」当日の動きを追ってみよう。令和5年は4月9日(日)に開催。プログラムを見ると11時開演。もちろん栄芝は三越開店前の午前8時には会場入りして舞台照明、音響、大道具の確認をする。そして開演。一曲目「青々と」に出演し唄ったあと、次の登場は11番から。なんと24番の弟子までひとり2曲なので28曲、すべて糸、つまり三味線を栄芝が弾くことになる。三越劇場には回り舞台がないから、上手下手《かみてしもて》に舞台を分け、栄芝は左右に移動しながら助演する。そのあと42番、86番と糸で出演し、101番からが、がらっと変わる。「わしが在所」は50人の出演者を三段に並べ下段14人の糸の中央で栄芝が演奏。これはお囃子入りの豪華版。このあと104番まで、このお囃子入り合同演奏スタイル。ここが第二部という演出だろう。

第三部は「小唄振り」とあり、105番から4番続く。新ばし秀千代《ひでちよ》が「三千歳」。新ばし喜美勇《きみゆう》「柳屋お藤」。浅くさ福了子《さよこ》「河水」。この三番はすべて糸・とよ栄芝とあり、最後の「かまわぬ」は会主、とよ栄芝が唄って、立方は赤坂の育子で締めくくる。以上全108番。小唄の一曲は短いとはいえ200曲近くを様々な演出で楽しめるようになっている。特に立方は東都・各花街の名妓ぞろい。「東をどり」「浅草おどり」「赤坂をどり」のスターたちで見ごたえがある。ここだけを楽しみにする常連も多い。たんなる「おさらい会」ではないことがわかるだろう。

「番数を多くしない」これも栄芝美学。開催日は毎年、日曜日。終演時刻を遅くしない。そのうえ、栄芝は主要な門弟たちを慰労する「打ち上げ」も準備する。三越の特別食堂が会場になる。百貨店の売り場閉店前後を目標に終演し、食堂にも迷惑をかけない段取りを決めている。食事の間もテーブルを回り、慰労の言葉をかける。師匠としてふんぞり返っているのではない。90歳を越え、どれだけ疲労があるだろうと思うのだが、そう思うのはかえって迷惑なのだと知る。自分のペース配分は自分で管理する。これが60年以上続けてきた「仕事」なのだ。見事なプロというほかはない。

門弟もそれを心得、だらだらせず、笑顔で9時前には解散する。併せて13時間、もちろん華やかな舞台衣裳のまま立ち働いて帰宅する。こんな一日だ。

終わった自宅には胡蝶蘭などの鉢植え、花束そして楽屋見舞いの、おもにお菓子などのプレゼントの山。翌日からカルチャーの稽古をこなしながら、一人で整理する。もちろん、当日を迎えるまでに、「まきもの」という、お土産セットを用意する。お菓子やお弁当、毎年出るCDも入っている。65年変わらぬ「お仕事」が会の前後につく。

正月と夏と

「栄芝会」はおさらい会。門弟との大きな年間行事はほかに「新年会」と「浴衣会」がある。これも親睦会ではない。親睦を兼ねる食事は後。お座敷で演奏してから会食するのだ。およそ60人前後の門人が参加する。浅草はかつて花柳界全盛のころは大広間がある料亭がたくさんあったので、毎年100人近くが参加していた。しかし花柳界も様変わり。舞台がある有名料亭が次々店を閉じていった。しかし、人脈を持つ栄芝。最近までは浅草見番の前にある料亭が60人規模の大広間を持つため、1月と7月の年二回、会場に借りていた。だがコロナで栄芝会も集まりを自粛しているうち、料亭も暖簾を下ろしてしまった。

令和6年を前に、頭を悩ましていたが、「それがまた、いいとこ見つかったのよ」と年末に明るい声を聴いた。「浴衣会から再開しようと思っていたの。あたしの知らないお店なので下見に伺ったのよ。そしたらお庭から入る立派な構え、ステキなのよ」と声が弾む。

浅草も広い、つい花柳界のほうに目をやっていた栄芝だが、知人から雷門近くの一等地の店を教えてもらったという。90年住んでいても灯台……なんとやらだ。門構えも、植え込みもなかなかだと見知っていたところだ。なぜ、嬉しそうな声だったかといえば、「ちょっと、偶然よ。新年会から使わせていただけるんだって。観音様が助けてくれたのね、だって大安の日曜日ヨ！」

年末は下見だったので年始の予約はだめだろうから、来年の夏の予約のつもりだったが僥倖《ぎょうこう》。普通の師匠たちは幹事役にまかせる。しかし、ここも栄芝の行動力。それが報われた。

それから考えんの

リサイタルの話に戻そう。毎年、春の「栄芝会」を終えて、春日の師範会があり、夏が来る。

「そのころに、今年のリサイタル、そろそろ何をしようかなって考えんの。そうね半年前。それから考えんのよ」

これを30年続けて、切りがいいと思わなかったのかと聞けば、「思わなかったわ、ただ三十回記念という文字見た時、四十回はやらないなと思ったの。だって、やってたら"88"よ」。失礼ながらお歳の自覚はあったようだ。「でもね三十一回終わった時、まだ終われないと思ったの。まだやってないこと、やりたいことがあったから、やるんだったら三十五回までやろうと決めたのね」。

では「やりたかった」軌跡。三十回記念は平成21年。「太宰治」という意欲作を作ったことはこれまでに触れた。この年が太宰生誕百年。栄芝が考えたのではない。だれにも頼らず開いて回を追うごとにブレーンが増えてゆく。大きな舞台は演出、照明、音響、そして美術。毎回多くのプロから学び、ともに作ることを覚え、そこに猿若清方に代表される識者が次第に集まる。学者の小島美子《とみこ》、三隅治雄《みすみはるお》、演劇評論の藤田洋《ひろし》、ビクターレコードで制作をしていた黒河内茂らのアドバイスが生きる。さらに二十回を過ぎるころから、放送番組で長い付き合いがあったNHKのディレクター、放送作家らも仲間になる。会が終わると、次はこんな企画、来年はこんな年、ゲストはこの人が……など、なんとなく栄芝の耳に情報が残る。そして、本格的計画スタートの夏前後に、栄芝が決断する。こんなサイクルが自然と転がっていった。それから、ご意見番やプロの裏方が自然に参加することになる。栄芝は、新しい音楽づくりに知恵を絞る。

三十回は目玉が決まった。「春日の花」を作詞した放送作家・東龍男が「小唄・太宰治物語」の台本を書くことになった。作曲で栄芝が名前を挙げたのが長唄三味線の今《いま》藤政太郎《ふじまさたろう》だった。

小唄・太宰治物語

〽やるせない、この世はほんの　ひと休み　身を玉川に　預けて不惑……

俳優・風間杜夫の朗読を交えながら、小唄として栄芝は唄い、最後は「ださい　おさむっ！」と絶叫した。

幕開き、朝丘雪路が栄芝の唄で舞うご祝儀の「春日三番叟」。太宰が二部。三部が「江戸の粋・端唄づくし」として民謡を含めた9曲を唄いついだ。一部、二部とまったく雰囲気を変えるため、考え抜いた栄芝の選曲だった。こうして記念公演をクリアした。

宮下伸《みやしたしん》の三十絃

そして、あらたな方向を見出した三十一回。「やり残したもの」それは、ある音楽家との「いつかご一緒に」の実現。壮大な企画にふさわしい曲を演奏できる人物。それが箏曲の宮下伸だった。山田流箏曲の先代・宮下秀冽《しゅうれつ》の長男として生まれ、幼いころから異才を発揮した。特に父が昭和30年に作った三十弦の箏を巧みに演奏し、作曲家としても活躍していた現代邦楽の泰斗《たいと》だ。昭和50年頃、ある箏曲家の追善として宮下が作曲した「六白喜遊曲《ろっぱくきゆうきょく》」に唄として参加してくれと依頼を受け、難しい注文の作品だったが、三十弦との初めての共演で、とてもいい体験ができた。その時の約束だった。百年に一回しか来ない古都・奈良のアニバーサリー。平成22年は２０１０年。７１０年の平城京　遷都からちょうど１３００年の年に当たっていた。そこで、あの楽器の音色と新感覚の邦楽に思い至った。

着想はよかったが、曲ができあがって栄芝はパニックになる。渡されたのは五線譜。どこにも歌詞が書いていない。若くして芸術選奨文部大臣賞や芸術祭賞を受けた逸材は早くからオーケストラのための曲を書いたり、さまざまな邦楽器との共演、また海外でも人気で「ひっぱりだこ」の人気者だった。歌詞を読んで構想を練り作り上げた。できあがった創作は、「咲く花の　にほうがごとく」。

〽**あおによし奈良の都は　咲く花の匂うがごとく**　いまさかりなり

このあと聖武天皇の即位、男宮誕生。疫病と皇子を含む民の死。大仏建立の発願、建設の苦労、そして迎える開眼供養。

〽**咲く花の匂うがごとく**……

で再び終わる歴史絵巻。ところが、宮下の楽譜に問題があった。長唄や清元と同じように箏曲も譜がある。栄芝はまず、できあがったものを清元梅吉でも今藤政太郎でも弾き唄いしてもらって、そのテープをもらい、研究する。それから、自分の稽古で栄芝らしさを作り上げてゆく。ところが宮下から手渡されたのは楽譜。それも五線譜だ。

「あら、アタシ読めないわ。それにセンセ、歌詞がどこにも書かれていないわ。どうしよう、困っちゃう」

宮下師曰く、

「栄芝さん、自由に唄ってください」

宮下には相手の困惑が理解できない。台本のイメージで創作曲を構成した。プロットを頭に入れて全体像を編み上げてゆく。曲はできあがった。共演者はあと二人「栄芝」と笛の「藤舎名生《とうしゃめいしょう》」。つまり、それぞれの音楽性を生かして、この曲に自由に参加してほしい、そのうえで音楽性の高い作品を共同で作ろうという姿勢なのだろう。

昔出会った宮下伸とは変わった。さらにスケールが大きな音楽家になっていたのだ。不遜というのではなく、演奏会がそんなスタイルだった。基本設計図はある。あとはそれぞれのアドリブ。特に藤舎名生はこれをよくわかっている。囃子の堅田喜三久《かただきさく》、パーカッション吉原すみれらとともに宮下とのレコーディングも経験している。かつて先代山本邦山《ほうざん》や沢井忠夫ら同世代の世界で活躍している演奏者はオーケストラ、ジャズバンドなどとの共演で即興性を重んじる技法を身に着けている。たくましき音楽家たちだ。栄芝は自分のリサイタルの委嘱曲なのに……と思いながらもいい返せなかった。

この日、宮下が副学長をつとめる、群馬県高崎市の大学まで同行した作詞の東龍男は譜面を受け取らず、黙り込んでしまった栄芝と、帰りの電車に乗った。その気まずい雰囲気を覚えている。そのあともＮＨＫの演出家も宮下と親しいはずだが妥協案を示したり、宮下に代案を持ちかけたりはしてくれなかった。

万事休す。リサイタル直前、もう変更はできない。あとは下合わせ一回と本番だけ。冷や汗をかいた栄芝を想像していただきたい。

普通は箏主導で弾いていても、唄に入るところは目顔で教えてくれそうなものだが、宮下は三十絃とは別に通常の箏も同時に弾く。作品世界に没入してそんな余裕はない。頼りは名生ひとりだ。

「栄芝さん、ボクが合図送りますよ。笛の演奏を終え、いったん笛をおいたところ。あるいは吹き始めて切れるところを、目で知らせます」

少しは安心した。ところが旧知の小島美子がささやいた。

「名生さんの笛？　ダメヨ。毎回違うんだから、興が乗るとどんどんアドリブになるの。待ってると混乱するわよ」

このアドバイス通りだった。宮下の演奏に耳を澄ませても、自分の入り方はわからない、名生は笛を置きそうで置かない。いつまでも吹いている。これは宮下と名生の「つばぜり合い」なのだ。下合わせでこれを感じた。でも栄芝は学んだ。

「待っててはダメね。受け身はダメよ。わたしも積極的にいくわ」

そして本番。三人とも、なんの変更もダメ出しもなく始まった。男2に女1だ。耳を澄ませ、だれにも頼らず、入るタイミングを「待つ」のではなく「出る」。自分の耳を信じ、唄い手としての音楽性に身をゆだね、取り組んだ。

「あんなに困ったことはなかったワ。アタシさ普段から録音は聞き直さないでしょ？でも、何日か経ってさすがにこの時は聞き直したわよ。不安だったもの。そしたらいいのよ、おもしろいの。ドキドキしたけど、みんなよくやるわよ」

名人三人、一回限りの奇跡の共演はこうして終わった。

最後にぽつり、ひとこと。

「あたしもたいしたもんだわねえ」

第十八章

お願いするわ

揺れる中で

三十一回から、初めて一年置いてのリサイタルが平成24年に開かれた。「平成23年は自粛」とプログラムに書いてあっても、なかなか思い出せない。阪神淡路大震災は平成7年と覚えていたが、東日本大震災は２０１１年と記憶していて平成ごよみでは覚えていない。それは平成23年3月11日のこと。日本中が大混乱し、ひとり栄芝だけが苦しんだのではなく、電気も止まり水道水の不安も広がり、モノ不足、自粛という言葉が広がり、という流れの中「栄芝会」とリサイタル「栄芝の会」を中止した年だった。

地震の被害や心細さはさぞやと思ったが、栄芝は困った記憶がないという。もちろん一人住まいだから、水や電気、食料品の不足などの大混乱でも、どうにかくぐり抜けたからだろう。弟の娘、つまり姪の「まみ」と呼んでいる「珠美《たまみ》」にも聞いた。仲見世の喜久屋を手伝っていたが店に損傷はなかった。仲見世商店街全体がしっかりした建築になっていて、どの店も大きな被害はなかった。ただ参道の石畳が波打っていた思い出を語ってくれた。栄芝はコロナと違って、稽古を休むこともなく、忙しい日々は継続していたので、深い記憶には残っていなかったのだ。

そして翌2012年。再開。第一部。古事記が和銅五年（712）に編纂《へんさん》されてから千三百年。駒井邦夫がテーマを考えた。前回で懲りた栄芝は東龍男の歌詞を読んで清元栄吉に曲を依頼した。清元節は端唄や小唄の母体。栄芝の芸をよく知っているので安心して？　完成を待った。もちろん当日の三味線は栄吉ではなく、小唄の名コンビ、春日とよ喜扇《きせん》でワキは豊芝洲《とよしばしゅう》が弾く。

古事記は太安万侶《おおのやすまろ》が編纂した天地開闢《かいびゃく》から推古《すいこ》天皇までの神話を綴ったもの。タイトルは「小唄・神々の恋路」。これはラブソング。小唄の精神にも通じる。構成は小唄サイズの連作・七編。これも栄芝が節《ふし》を工夫できる楽しみがある。

小唄　神々の恋路

岩戸あけ

〽**アマテラさんの向こうをはって　奥の納戸に身を隠し**
出てきてなんか　やんないよ
「とはいうものの」　こんな亭主で　よかったヨ〜
「コケコッコー　さて　今日も」岩戸あけだよ　朝日だよ……

天地《あめつち》発《ひら》け

七曲目は国生みの最初に戻り、天地が始まって国土ができ、人々の暮らしに、神々の恋の手管が生きていると説く。

〽**お神酒《みき》をさげて　燗の酒　仲睦まじく　姫と彦　天の浮橋　浮き沈み**

とむすぶ。七夕の織姫《おりひめ》・彦星《ひこぼし》を人間の夫婦に見立てて、ではなく人間世界が主で神の話は借り物。一貫して小唄仕立てで上品な組曲にした。栄芝、絶好調が聞こえるようだ。

上方の魅力

第二部は「座敷唄にし・ひがし」。東西のお座敷で芸者衆が披露している唄さまざま。江戸の部分はすべて手に入っているお得意尽くし、選曲はもちろん栄芝。祇園や先斗《ぽんと》町《ちょう》などに知人が多く、若い時から芸舞妓の演奏は聞いている。しかし、浅草育ちの栄芝の難所は「上方なまり」と東京人がなじみがない曲の取り組みだ。

「堀江盆唄」堀江は大阪の廓。「かんてき割った　すり鉢割った」で始まる賑かな囃子唄。「かんてき」は「七輪《しちりん》」と頭で理解してもどこにアクセントがあるか口をついてでてこない、「すり鉢」も「り」のアクセントがあるのが東京。大阪では「す」がやや高くなる。上方の座敷唄らしく粋《すい》に唄うには、リサイタルならではの特訓をする。よき指導者に恵まれた。演出家の駒井邦夫からである。

宮川高範という人物

駒井について、これまで詳しくは紹介しなかったが、長らくＮＨＫの番組演出（ディレクター）をしていた。表立ってプログラムに演出の名前を掲載するのは三十回前後からだが、その前から実は関わっていた。ＮＨＫの現役職員なので表立って名前は掲載できない、副業も禁止だ。しかし当時はコンプライアンスも厳しくなかった。ペンネームでさまざまな舞台演出をしていた。

駒井邦夫が「栄芝の会」に関わったのは第二十一回あたりではないかと推察する。それは「上方の華・江戸の粋」という、第三十一回のプログラムにあった企画が初めて使われた年だ。栄芝の研究熱心が地唄以外に上方の色合いを駒井から学ぼうとしたのかもしれない。

はっきり名前を出すのは第二十二回。プログラムに演出・宮川高範《みやがわたかのり》とある。これが駒井のペンネーム。上方文化に強いのは京都生まれだからだが、それだけではない。

筆名に使った宮川町《みやがわちょう》の出身。実家は京五花街《ごかがい》のひとつのお茶屋。父は経営者、母は「おかあさん」と芸舞妓から慕われるいわゆる女将《おかみ》。店名はその名も「駒屋」。駒井邦夫は芸舞妓の中で育ち、少年時代から三味線を稽古していた。駒屋は置屋《おきや》でもあり、ここで踊り、音曲の稽古が行われていた。すぐそばに宮川町の歌舞練場。毎年、春の「京おどり」の町の空気を吸ってＮＨＫに採用された。のちに細君も「おかみさん」になり、一時、宮川町の組合長もしていた。

わたしが二十一回からと思う理由はプログラムの表題「栄芝の会」という文字が「會」に変わったこと、また二十一回は「上方の華」に加え、十二代目市川團十郎を迎えての「源氏物語」だったことは前に書いたが、プログラムの曲名は墨書の流し書き。この文字と表紙の筆跡が同じ。たぶん匿名で團十郎源氏の演出に手を貸していたのではないかと思う。その翌年第二十二回から宮川名が続くのである。このタイトル墨書は三十三回まで続き、第三十回から演出・駒井邦夫名になっている。

「あら、駒井ちゃん」

栄芝がNHKのディレクターと親しくなったのは村井洪《こう》がはじめだった。若手の邦楽担当の演出家。ラジオ番組で一緒になった。NHKラジオには「邦楽百番」「邦楽のひととき」など民間放送にはない長寿番組があり、栄芝は毎年のように出演していたが、それとは別に俳優の加藤武と出演した時、二人の会話が弾んでいなかったため叱責された。それは一回きりで「村井ちゃん」とかわいがっていた。その村井が、

「栄芝さん、大阪に何でも知っている、すごい演出家がいるんですよ」

と大阪放送局で先輩だった若き日の駒井の名前を挙げた。その駒井が転勤してきて初めてスタジオで会った時、「あらあんたが駒井ちゃんね、栄芝です。ヨロシク」と初対面で声をかけた。

「だってあたしさ、どんな偉い人だってペコペコしないのよ。たいがいちゃんづけで呼んじゃうのよ。親しみがあっていいじゃない?」

着物、化粧、髪……嗚呼無惨

こうして震災ショックから再開した三十二回目のリサイタルの翌年、大事件が起きる。平成25年（２０１３）春のことだ。栄芝は池袋駅にいた。西武池袋線の改札口を過ぎてすぐ栄芝は転倒した。両手に大きな紙袋をさげていた。顔面は打たなかったもののとっさに手をつけなかったので、肩から倒れ込んだ。

子供のころから健康で学校も休んだこともなく、プロになって一度も舞台に穴をあけたことはない。丈夫な身体に生んでくれた親に感謝しながらも、普段からケアは怠らなかった。内科、眼科、耳鼻科、歯科に通い稽古や舞台に必要な全身を常に意識して、年齢相応の老化はいなめないが、ほとんど悪くなることはない。この日も整体師のもとに通う途中だった。会を無事終えた安堵と重い荷物が、仇《あだ》となった。

救急車で新宿の病院へ。激痛が走る。しかし栄芝のすごいところは、慌てず騒がず、冷静に明日からのことを搬送時も考えていた。レントゲンなどの検査、診察を終え、幸い頭部などにも異常は見られなかったが、右肩脱臼、右腕骨折という重症。利き腕

側の負傷だ。当然、大事をとってしばらく入院を告げられた。ところが、

「先生すみません、あたし、やんなきゃいけないこと、たくさんあるので新宿では身動きとれないのね、自宅の近くで再診を受けます」

といい切って担当医師は目をぱちくり。

「すみません、タクシー呼んでいただける？」

浅草の自宅まで戻った。これからが、実はタイヘンだった。動いてはますます悪くなるのでとりあえず横になって、決して助けを求めない栄芝が妹にＳＯＳをした。

「どうしたの、お姉ちゃん！」

8歳下の陽子が駆けつけてくれた。絶対安静だが、頭はぐるぐる高速回転。稽古は三味線を持てないが、唄だけならできる。早めに再開できるかもしれない。ここまで、すばやく決めた。実は前年、80の大台を越えていた。世の中では傘寿《さんじゅ》。やはり、80の急坂があった。そこに足を取られてしまった。

その後、妹やお手伝いさんに頼ることはなかった。稽古は休み、なるべく横になって痛くない姿勢を工夫したり、栄芝流のリハビリをしていった。ここも努力の人だ。

もちろん近くの外科にも通い、通常の80歳の日本人にしては急速に回復していった。それは目の前に目標を置いたからだ。倒れてからちょうど一か月後にNHKのテレビ収録が予定されていた。そのために、なにがなんでも治してみせるという、すさまじい決意が薬になった。しかし困ることが三つあった。着物が着られないこと。化粧ができないこと。そして自慢の黒髪は自分で結い上げていたが、これもできない。「着物・化粧・髪」女性らしい悩みと苦しみ。悔しさをばねに、リハビリが続いた。

教育テレビ「芸能花舞台」

番組の打ち合わせの日がやってきた。NHKに出かけることはできない。番組責任者は旧知の仲。リハビリ中であることを告げ、自宅に若手ディレクターを呼んだ。髪はざんばら、ノーメイク、そのうえベッドに横になったままで会った。

ディレクターもビックリはしただろうが、放送台本をまず手渡す。自分が出演する小唄のうち一曲は立方《たちかた》、つまり舞踊がつくことが書かれていたので、

「ちょっとアンタ、それで誰が踊るのよ」
「はい……若手の有望な舞踊家が候補になっています」（ＮＨＫ）
「それはダメヨ、大体ね、小唄振りって意味わかる？　小唄はね若い人には踊れないの。短いから踊れるってもんじゃないのよ。もともと芸者衆が、お座敷で踊るものなの。人生経験を経た大人の踊りよ。絶対無理ね」
「では、どなたがいいんでしょう」（ＮＨＫ）
「そりゃ一流どころといったら新橋か赤坂ですよ。新橋だったら勝代さん。赤坂なら育子さんね……」

担当者はＮＨＫに戻って報告。結果は栄芝の人選通りで進められたのだ。長年の経験で、相手の言いなりにならず、実現しなくても考えをはっきり述べる。放送初期から出演してきた経験のなせる業。結果よければ、どう思われようとよかった。

それから半月。右手はまだ動かないが、着物を車でスタジオまで運び、ＮＨＫの衣装部で着つけてもらい、決して普段は人任せにしない髪も、ヘアメイクさんにまとめてもらい、化粧も当然、メイクさんが施してくれ、「芸能花舞台」の収録が無事済んだことは、当然だった。

80歳まで、寝込んだことも、入院したこともない栄芝に備わる危機管理能力。実は健康や行動に自信がある人ほど、めったにない出来事で大ダメージを精神的に受けてしまうものだが、栄芝の場合、プロとして、なにがなんでも仕事に穴をあけないという強い意志が、危機を克服してゆく力になった。実は完全治癒まで4か月半かかったほどの大怪我だった。

「近くの病院にも通ったのよ。でも本当のリハビリは家でしていたわ。なにしてたかって？　家事よ。掃除したり、お皿洗ったり、動かせるところを動かしていたら、自然に治っちゃったのね」

こう、あっけらかんと、いえるようになったころ、第三十三回リサイタルの企画が動き始めようとしていた。

第十九章

喜寿？　米寿？　関係ないわ

CDとハサミ？

音楽家である栄芝はレコード時代から毎年、シングルやLP（アルバム）、カセットテープ、そしてCDと出してきた。いま稽古場の棚にはCDが並んでいるが、栄芝は吹き込んだものを聞いたことがない、とこれまでも書いてきた。嘘ではない証拠にCDプレイヤーを持っていない。「こんな曲ができたよ」といって作曲家から手渡されるのはカセットテープがほとんどなので、カセットレコーダーは持っている。これも今のご時世では絶滅器具種扱《ぜつめつきぐしゅ》いで、若い人は「ラジカセ」も知らない。

ただ、この本を書くために一緒に聞きたいCDがあるので、一番操作が楽なラジオ付きCDレコーダーをプレゼントした。栄芝の手つきを見ると、CDの封も切ったことがないようだ。「ハサミ持ってこようか？」とのたまう。器械は全部日本語で書いてある。それでも、心もとない。中身は第三十三回のリサイタルを記録した音源だった。

「みなさま　ようこそ。栄芝の会にお越しくださいました。娘の波乃久里子でございます」

あの声が聞こえてきた。波乃久里子との付き合いは公私を超えて母、娘のような関係。第一部の案内役を依頼した。近松門左衛門生誕三六〇年、河竹黙阿弥没後一二〇年にちなんだ『近松の女たち　黙阿弥の男たち』。

前半は、梅川、おさんなどが主人公。でも初めて聞く人には本歌どりの「もとうた」がわからない。そこで曲の合間に、物語の案内するのが久里子。

『今日一日』は梅川忠兵衛の逃避行、『冥途の飛脚』の雪の新口村《にのくちむら》への二人の寒い旅路を描いている。

「封印を切るのは死罪です」と久里子の語りは梅川と忠兵衛の悲劇を語り始める。「当代珍らし」と題名だけ聞いてもだれがモデルかわからない。『大経師昔暦《だいきょうじむかしごよみ》』のおさん茂兵衛のことと教えられてから聞くと、梅川忠兵衛と似ている逃避行のように見えるが、夫の不貞から、あやまって関係をもってしまうという原因を語ってくれるのでよくわかる。茂兵衛が都に引かれてゆく結末までを小唄はわずか3分で描いてしまう。短いからこそ、小唄の深い芸が客席に浸透する。

黙阿弥の男は、清心《せいしん》、弁天小僧、髪結新三《かみゆいしんざ》、直侍《なおざむらい》など全員が犯罪者。黙阿弥は「白浪《しらなみ》(泥棒)作者」といわれた。

髪結新三も悪党だが、〽**目に青葉、山ほととぎす　初がつお**　から始まる、明るくいなせな江戸前の芝居。〽**かつお　かつお……**　の売り声を栄芝は、一つ目を〽**かつおー**と高く遠くに飛ばす売り声で伸ばし、二つ目は力を入れず〽**かあつおお**　と柔らかく唄う。これぞ栄芝節。浄瑠璃でいえば地の語りとフシ(節)の間《あいだ》、地合《じあ》いという節が込むところ。ほかの人は難しいだろう。

お嬢吉三の名セリフ「月もおぼろに白魚の……」以下がすべて小唄一曲にそのまま援用されている「吉《きち》三《さ》節分《せつぶん》」という題名。

セリフの間に「おん厄払いましょう」と入っている。これはお嬢がいうのではない。節分の夜、街角のどこかから聞こえてくる厄払いの声なのだ。それを聞いて、お嬢は

「ほんに、今夜は節分か……」というセリフになる。栄芝は最後の曲だからか、おもいきり調子を上げて、「月もおぼろに白魚の　かがりもかすむ……」とセリフをはじめるが、声張り上げるのは、「かがりも」つまり「かがり火」まで。「かすむ春の夜に……」すうっと小唄の軽い唄い方に変わる。

例の〽おん**厄払**いましょう　**厄落**とし　が栄芝独得。「はらいましょう」と伸ばすところ「はらいやしょう」と江戸弁になるし、そこで切らず一気に「厄落とし」まで上から下にスーッと落とす。ここも気持ちいい。かっこいいなあと聞き入ってしまう。〽**縁起**がいいわえ　と唄いおさめる。この縁起が「えんぎ」ではなく江戸弁の「え」と「い」の間。これが自然なのが「江戸前」なのだ。

ことほど左様に久里子も義太夫の言いまわしが、父・十七代目中村勘三郎の狂言を見慣れているから竹本の語り通りだったり、母娘のコンビネーションが最高。10曲が倍の時間、60分の舞台になっても長さを感じない。聞きごたえある一部をつい、栄芝と一緒に聴いてしまった。聴きながら「ここは難しいの」「あら、よく唄ってるじゃない」などのつぶやきがうれしい。

この第三十三回が人生初の大怪我のあと。録音された声に「損傷」は感じられない。この時80歳。大台を越える急坂と書いたが、少しだけ反省し軽々越えた。このことを小島美子は「オッチョコ・ヒメ最悪の事故　栄芝さん」という表題で寄稿している。

本来なら「傘寿記念」と書くべきところ、「還暦」「喜寿」同様なにもうたっていない。年齢を隠すことはしない栄芝だけど、のちの「米寿」や2年前の「卒寿」でさえ、文字には出てこないし、祝賀会などまったく本人が関心ない。これが素晴らしい。

「そんなの、なんなのよ、ちっとも意味ないじゃない。アタシ忙しいのよ」

そのかわり意識していたものがある。それはあと2回と決めていた。「やりたいこと」の一番の関心事。解決しなければいけないことがあった。だれにもいっていなかった。それは本條秀太郎と一緒に演奏したいという強い願望だった。

毎章ごとに本條の名前がでて、その名コンビぶりをわたしが分析しているように思うだろうが、それは別。第一章に書いた「確執」、これが長い時間、氷解しなかった。

なんと13年間も断絶の時があった。

リサイタルでいえば第二十三回、平成14年（2002）が最後の出演だった。その前からくすぶっていたことがしこりになり、平成27年まで続いた。栄芝70歳から83歳まで、栄芝の芸完成の時期に本條は隣にいなかった。本條は演奏会でほかのジャンルの演奏家と共演し華々しく活躍していたから、気づいてはいなかったかもしれないが、栄芝は「栄芝節」を洗い上げるのに本條の三味線を渇望していた。残された時間はあと2年。その間に修復しなければ、最後のリサイタルに間に合わない。なんとしても「和解」したい。これは、私の想像だから間違っていたらおふたりに謝りたいが、無意識の声はそうだったのではないかと思う。

そんな心の変化をプログラムで発見した。第三十四回リサイタルから表紙が変わった。駒井邦夫の題字ではない。昔に戻って先代・猿若清方の文字。絵も清方のもの。すでに故人になっているので以前のものを採用した。最終回も同様だ。清方、本條、栄芝は初期リサイタルの黄金トリオ。その復活がこの表紙に込められた熱い思いと、わたしはこじつけている。

第三十三回から第三十五回までの間に、いったい何があったのか？　次の章でそれを解き明かしたい。

第二十章

とにかく　唄いたいの

雪どけの季節

「日ごろから、地歌箏曲の人は、どうして、何も表現しないのだろう」と思っていたのは小島美子《とみこ》。そこで勉強会を開いた。講師に迎えたのが栄芝だ。小唄端唄の表現法がすぐに地歌箏曲に活用できるわけではないが、同じ「歌曲」。その表現の豊かさ、節使いの多様さに、みなびっくりしていたという。生田《いくた》流の重鎮、矢崎明子は、講習のあとも栄芝を質問攻めにしていたというし、また別の機会に山田流の男性演奏家に、箏唄の浄瑠璃的表現とは別の唄表現があると話し、栄芝の演奏を聴くよう勧めたともいう。かほどまで、研究者として栄芝節を評価する人もいるのだ。民俗学の泰《たい》斗《と》、三隅治雄《みすみはるお》も栄芝の正しき理解者である。

こんな人々の他、4人が参加した食事会を栄芝が開いた。ゲストに本條秀太郎を迎えた。これが80歳の危機を乗り越えた栄芝の一大決心だった。もちろん関係修復の最後のチャンスと思ったからだ。うれしいことに、軽く挨拶はしていたものの、口を開くことが、ついぞなかった本條も招待を受け入れた。

初めに栄芝が先に「ごめんなさい」をした。そして本條は、なぜ栄芝に不満を持っていたか、心を打ち開けてくれた。もちろん、ずっと怒っていたこと、失礼があったこと、筋違いだったこと、すべてを吐き出してくれた。その時間30分。栄芝はひとことも、反論せず聞いていた。「おかあさん」「むすこ」に早く戻りたかったからだ。このへんの詳しい経緯は書けないが、小島は本條について、

「自分が切り開いてきた三味線による現代邦楽の道を確立し、守ることに真摯な人であり一途。それゆえに、ある意味かたくなな人だから、さもありなんと思うのよ」

と語っていた。栄芝のあけっぴろげで、さっぱりしていることも、実は快く思ってい

なかったかもしれない。でも大人だ。こうして関係者に自分に対する批判を聞いてもらい、素直に受け入れようとする栄芝に少し心が解けていった。別の出席者からも話を聞いた。「正直、ふたりともえらいなあ。それぞれの世界で一流を守ってきたふたり。ここまで打ちあけて不満をぶつけ合える。ふたりともに感心しました」ともいっていた。

そのあとの食事会では隣に並んで食べながら「おしゃべり」できるまでになったことを栄芝は、とてもうれしく思ったという。しかし、本條は忙しく、第三十四回には間に合わなかった。翌年の最終回に出てくれることになり、当時「82歳の母」栄芝は安堵の胸をなでおろした。

「あたしさ、とにかく唄いたいのよ」

「芸のこと以外、なにも関心ないワ」

道一筋。その横になくてならないのが本條だった。

本條は、原田直之、金沢明子の二人で大ヒットした番組「民謡をあなたに」のレギュラー演奏者として全国区の人気者となり端唄、小唄、現代邦楽、歌舞伎音楽、映画やテレビドラマの音楽監督などその活動は幅広く、紫綬褒章ほかさまざまな栄誉を受け、NHK放送文化賞も受けるなど、現在78歳で、その活躍は目覚ましい。音楽活動の大きな柱が自ら命名した「俚奏楽《りそうがく》」に、栄芝が愛する曲がたくさんあることは、すでに紙幅を費やしてきた。だから、常に栄芝の人生のそばには本條がいたような気がしていたのだが、実際は十年を越える隔絶があったことをわたしは知らなかった。

第一章で「鶴八鶴次郎」などと書いては見たが、端唄、俚奏楽の分野では、やはり共演がどちらにとっても現在最高の演奏コンビだと確信している。ゆるやかな復活というかたちで、明るい最終回が見えてきた。そこで開いたのが第三十四回リサイタル。

雪の中、川船に蓑笠を付けた人々が肩寄せ合って、船頭が櫓をしならせる。向こう岸の屋並みも雪に覆われている。紺の濃淡と舟人たちの褐色。対岸にわずかに見える緑、そして画面全体を包み込む白。素敵な色合いの俳画。平成26年のリサイタルプログラムの表紙絵だ。清方の署名、落款《らっかん》がある。前回までの「栄芝の會」から、猿若清方筆の「栄芝の会」という、さらりとした文字に戻った。リサイタルを始めたころの初心に帰ろうとしたのだろうか？　栄芝はなにも覚えていない。

惚れるなというほうが無理？

全体を見てみよう。
第一部　端唄「ゆき・吉原・まつり」　栄芝
第二部　小唄「墨田のながれ」　春日とよ栄芝
まさに原点回帰。ケレン味なく、二つ名前の正攻法。かわったのは歳月と人。昭和55年（1980）48歳から82歳へ、芸の階段を上ってきた。肩に力を入れず気負いなく心の整理をしているようだ。
ゲストは第二十六回の「江戸風流ごのみ」にナレーションをお願いしたのが始まりの風間杜夫。風間曰く、
「歯に衣着せない的確な意見の裏には愛情がしみ込んで、背筋がしゃんとする思い。叱り上手の、褒め上手。これじゃ惚れるなというほうが無理なのでは」
と、芸で気持ちが通じ合う関係を語っている。

端唄の進化

「ゆき・吉原・まつり」三つのテーマに合わせ、全10曲を選んだ。このリサイタルでは上方唄《かみがた》、地唄、西日本のお座敷民謡など西の文化も勉強してきた。ほかに江戸前だけではなく、地方色の鄙《ひな》唄、民謡、俚奏楽《りそうがく》など新しい音曲チャレンジが実っている。今回も「雪は巴」「からかさ」など栄芝お得意の江戸物に加え、「御所のお庭」「綱は上意」など上方色の系統も自分のものにしている。

御所のお庭

〽**雪**はちらちら　**子**どもはよろこぶ
おとなは　かじける　**犬**めは　とびゃがる

これは「ゆき」の部分だけ取り出したもので、ふたくさり目にあたる。ひとくさり目の唄い出しが　〽**御所のお庭に　右近の橘　左近の**……

とあるので、この曲名。
みくさり目は、〽**下の東寺の羅生門**には　**茨木童子……**　とあって渡辺綱の鬼退治。これが「吉原」の「綱《つな》は上意《じょうい》」の世界なのだ。上方唄や地唄に原曲があり、江戸端唄に代わってゆく。もともとは能の「羅生門」から、そのままの地唄ができ、それを滑稽にしゃれた上方唄「渡辺の綱ちゃん」や「綱は上意」がくる。「綱上《つなじょう》」と通称で呼ばれるこの曲は上方舞でよく使われる曲だが、京都の羅生門から「羅生門河岸《かし》」という吉原の遊所に置き換わるところが江戸端唄で唄われ、江戸の座敷の端唄ぶりに使われる。なぜ羅生門がついたか。吉原・京町二丁目の堀端が羅生門河岸。鬼ならぬ遊女が袖を引く場所。なるほどしゃれている。

浅草生まれの栄芝は「綱は上意」を若いころは江戸そのもので唄っていたが、リサイタルでさまざまな音曲を体験し、また京、大阪の花街の芸にも通じて、たくまずして双方のいいところを学んだはずだ。

綱は上意

〽綱は上意を　こうむりて　羅生門にぞ　つきにけり

大薩摩風に始まり、

〽おりしも雨風激しく　後《うしろ》より
兜の錏《しころ》を　ひっつかみ

ドラマチックに語るここは、まったく言葉を切らず一気に唄うので気持ちがとぎれない。ただ声を押すだけでなく、押し引きが多彩なので世界が深い。この描き方だから鬼がつかんだ手だと誰しも思うが、

〽綱も聞こえしつわものにて
かの曲者《くせもの》にもろ手をかけ

ここが　突然ぐっと柔らかくなり「もろ手をかけ」は、争って相手をつかんだ様子はまったくなく、ふうわりと唄う。

〽**よしゃれ　放しゃれ　錣が切れる**

鳴物が入り、リズミカルに色を変えることができる。なぜかといえば、錣なんか切れたってかまわない。

〽**たった今　結《ゆ》うた鬢《まげ》の毛　損じる**

「さっき、キレイに整えたヘアスタイルが乱れるじゃないか」と出がけに奥さんに止められる手を払うがごとくの内容に変わるのだが、栄芝は淡々と唄うから面白い。色を付けず、まっすぐ囃子にのって、

〽**七つ過ぎには　行かねばならぬ　そこへ　いかんすりゃ**
こちゃ　気にかかる　誰じゃ　誰じゃ

「夕方までにいかないと、間に合わないんだよ」「誰に会うのよ　あたし、気になるわ誰なのよ」こんな会話をさらさら語り分け、とりわけ「誰じゃ」の軽さは無類。

〽**兜も　錣も　らっちも　いらねえ**
サアサ　持ってけ　しょってけ

座敷で響く太鼓にあわせて「らっちもねえ」だの「もってけえ（泥棒）」など江戸弁が並び、京の鬼退治がいつの間にか江戸の座敷に変わってゆく醍醐味。これぞ端唄の魅力であり、栄芝が到達した東西の文化を踏まえた音楽世界の栄芝節といえよう。

さあ、その栄芝、総決算が第三十五回リサイタル。その幕があがろうとしている。

第二十一章

格別なんとも思わないワ

「浮世の垢」の辛気かな

平成27年（２０１５）栄芝83歳の秋10月。東京・日本橋の三越劇場は、いつにもまして立ち見が出るほどの盛況。それも恒例の「栄芝の会」が最終回を迎えることを知っている人、あるいは、久しぶりの豪華共演を心待ちにしていた人などが、詰めかけたからだ。

栄芝を演出面から裏方として支えてくれた、舞踊家、先代猿若清方の十三回忌。夫、山下公爾男《くにお》の十七回忌の年にも重なった。その清方が生前描いてくれた表紙絵は「ひさご」。朱、緑、金、銀などの鮮やかな色を使い分けて瓢簞《ひょうたん》のフォルムだけを、筆でサラッと走らせた俳画である。

第三十回記念のころ、三十五回で締めくくろうと心で決め、やり残したことがないよう計画を立てた。「やり残し」最大の課題は本條秀太郎との再会、共演だ。

そこで、今だからいえる、番組に込められた思いを分析してみよう。

全部で三部構成。

第一部　俚奏楽「浮世の垢」
第二部　大和楽「あやめ」
第三部　端唄「絆　はなれがたい」

三十五回分のプログラムを振り返って初めてのことが二つある。栄芝は、春日とよ栄芝か栄芝の名前しか掲載しない。小唄と端唄の芸名のすみわけだ。しかし、今回、初めて第一部で「俚奏栄芝ひで」とあるではないか。これは本條秀太郎主宰の本條会では使っていたが、自分のリサイタルでは、かつてなかった。十三年ぶりの共演を感謝した栄芝の本條に対するリスペクトといえよう。

もうひとつは必ず自分で選曲するが、各部ごとのタイトルはこの十年以上、演出の駒井邦夫と構成の東龍男が決めていた。しかし、初めて栄芝が「これにしてください」と頼んだ。それが「絆《きずな》」。まるで端唄の曲名のようだが、栄芝の心のテーマだった。絆のひと文字に「はなれがたい」ともつけた。やはり本條への思いを結実した言葉を自ら探してきた。プライベートで「母」「むすこ」の仲だが、そうではなく舞台の上、芸の絆。それがあらためて「離れがたい存在」だと気づいたからこそ、あえてつけた。じめじめした感情でなく、すっぱり胸の内をあかすと「あなたは得難い存在」というメッセージであり、謝辞といえる。

そんな、思いを込めた一曲が「浮世の垢」なのだ。これを唄いたくて唄いたくて、ずっと待っていた。それほど重要なこの曲とはなにか？解き明かしてゆこう。

俚奏楽「浮世の垢」が誕生したのは昭和63年（1988）。家元として清方が開いている舞踊会「猿若会」を国立劇場で開いた時の新作。作詞・猿若清方。作曲・本條秀太郎。唄・栄芝というゴールデントリオ。もちろん清方が振りを付け自ら踊った。

主人公は太鼓持ち。幇間ともいわれる。酒席を取り持ち、場を盛り上げ、賑かにお客を立ててお遊びの場を作る。そんな太鼓持ち自身が、いろんな道楽を経験し、酸いも甘いも知り尽くしてできる商売。しかし、人の子。そんな太鼓持ちの表の顔と裏の顔を描きたいと作詞をした。舞踊家が作詞したと思わせるのは、座敷で太鼓持ちがお遊びで踊る場面を作り、そこを「吹き寄せ」にしているからだ。

吹き寄せは名曲のエッセンスをメドレーにすること。つまり「いいとこどり」。栄芝の得意技が展開できる。当然、本條の腕の見せ所なのだ。

30年前の初演が栄芝の思いに残って「唄いたい」と思っていた。一度それを、試みたのが第十五回のリサイタル。「遊ぶ」というテーマで清方が監修していたころ、「小唄に遊ぶ」「端唄に遊ぶ」の間に「浮世に遊ぶ」で再演した。平成6年初演から6年経っていた。やはり、いい曲だったことが、耳朶《じだ》に残り、最終回は絶対この曲、「だから本條さんなしではできない」という曰くつきの名曲なのだ。

浮世の垢

〽**道楽は　道を楽しむほどがよし　過ぎての上の　ご沈落《ちんらく》**
浮世を茶にして　太鼓持ち

サワギと太鼓の響きで開幕。チョーンと柝《き》が入り、道楽が過ぎると人生は転落。浮かび上がれない浮世を、ちゃかしながら生きている人生を唄う。

〽**ひょうたんばかりが　うきものか　あたしもこの頃**
浮いてきた　サアサ　浮いた　浮いた

このへんはお得意の　はずむような明るさ。

〽**野暮はいわず　小粋に生きて　見栄と気取りと　意地と張り……**

難しい節を、あげたり引いたり、たゆたうように、

〽**機嫌きずなも　目顔で語り　人のわからぬ気苦労も　ほんに　辛気と思わんせ**

軽やかに、この緩急は、聞いている人を飽きさせない。

〽**太鼓持ち　あげての上の　太鼓持ち……**
呑んで唄って　踊って　よいしょ

太鼓持ちをかつては座敷に呼んで遊んだ過去。遊びすぎて今は自分が太鼓持ちの身の上。これを軽く唄い、急に静かになってここからが「吹き寄せ」。

〽**紀伊の国は　音無川の水上《みなかみ》に　立たせたもうは　船玉山《せんぎょくざん》**

おなじみの「紀伊の国」。

〽**富士の白雪や　朝日で溶ける**

高音で富士の高さ、なだらかな稜線が見えるよう。

〽**島田金谷は**　**山**のあい　**旅籠**《はたご》はいつもお**定**まり
　お**泊**りならば**泊**まらんせ　お**風呂**もどんどん**沸**いている

早いテンポの客引き言葉。〽**障子**も**張**り**替**え　**畳**も**替**えてある　と普通はつづくのだが、障子まで唄い、

〽**畳**たたいて　こちの**人**　**悋気**《りんき》でいうのじゃ　なけれども

とラッパ節にかわり、夫に嫉妬で注文する女房。このあとは傘さして帰ってきたのに片袖が濡れている。それは、相合傘だからだと責める座敷唄。妻という存在の連想から、

〽**丸髷**《まるまげ》に　**結**われる**身**をば　**持**ちながら

これは「深川くずし」江利チエミがジャズで歌っていた。栄芝は正調の端唄。

〽**新所帯**　なれぬ　かまどに**生薪**《なままき》くべて　**ヨイショ**

夫婦唄が続き、面白さは生の木でかまどがくすぶる。「くううべて　よおいしょ」と唄ったところで、横の本條が「おい、煙いじゃないか」という。すると栄芝が「だって、あなた　燃えないんですもの」これも「燃えないン　ですものオ」と鼻にかけ、怒りっぽい旦那と甘えた若女房の夫婦を演じる息の合いかた。笑える。

〽てなこと、おっしゃいましたかね

と変化して

〽**丸**い**卵**も　**切**りようで**四角**……**ナントショ**
物も　いいようで**角**《かど》が**立**つ　しののめの

これは東雲節《しののめぶし》。このへんは栄芝の自由自在。次から次の音曲変化を楽しめる。東雲は夜明け前だから、

〽**沖**も**暗**いのに　**白帆**が　サー　**見**ゆる　ヨイト　コラセ

紀国屋文左衛門のミカン船を唄う「かっぽれ」。もちろん太鼓持ちの十八番を吹き寄せに混ぜてある。

〽かかるところへ　**葛西領**なる　**篠崎村**の

これは端唄「ずぼらん」から　〽かかーる　ところをへ　この唄いだしが大きい。風景がガラッと変わる妙。

〽**惚**れて　**通**うに　**何**こわかろう
　今宵も　**会**おうと　**闇**の**夜道**の　ただひとり……

どうすりゃ　添われぬ縁じゃやら　じれったいネ

本條の三味線がぴったり寄り添う、栄芝ののった唄声が心地よいのではなかろうか。最後の　〽じれったいネ　はご想像通り、スコンと唄い終わる。

静かな夜更けを思わせる笛が流れ、本條がポツン　ポツン、チリチリンと繊細な音つくり。

〽**あだごころ　太鼓持ちでも　人の子の**
目は口ほどに　ものをいい　魚心あれば　水ごころ

とりわけ、大切に唄う。しみじみした太鼓持ちの本音。

〽**浮気ヤ　その日のできごころ　とはいうものの**
戸は建てられぬ　人の口　惚れた女は　人の花

寂しくくやしい恋心だ。「ひとのはな」を「はなっ」と突き放す唄い方。切り方もさまざまなテクニック。

〽ままよ　どうなる　ものでなし　**酒**でも**呑**んで　くたくたネ

呑んでのあと充分に間を取って、「くたくた」は弱い声なのに張りがある唄い方で疲れ切ったさま。

〽**咲**き**誇**る　きのうの**花**や　**今日**の**夢**
〽**心**まで　ぬらして**過**ぎる　**夏**の**雨**
〽**紅葉**して　ほろほろ**落**ち**葉**　**秋**の**風**
〽**冷**え**冷**えと　ふところ**寒**き　**暮**れの**雪**

最後は、以上四種の俳句。春夏秋冬。本條は音を送り、それにのって風情いっぱいに栄芝が描き分ける。とりわけ「夢」「雨」「風」「雪」と、はかないもの尽くしで四句が揃えられている分、唄い方を工夫している。拍子木や虫の音のお囃子とともに、宴席のあと、太鼓持ちが背を丸めて深夜の道を去ってゆく。そんなうしろ姿が栄芝の唄から見えてくる。

詩人、猿若清方の筆の力とともに、栄芝の芸を知悉《ちしつ》して、唄わせたい曲調の構成力が本條の手腕だ。なるほど、栄芝の「とっておき」「念願の夢」がかなった23分間。おめでとうといいたい。

この時の栄芝は薄い朱鷺《とき》色地の衣裳に青みがかった銀鼠の帯。薄紅ふちのメガネとマッチして、神妙な舞台姿に終始していた。

第二部は大和楽《やまとがく》。三味線は家元の大和櫻笙《おうしょう》と久子。大和楽は女性中心で唄は3人から5人と唄う部分を分けたり、合唱、輪唱形式や二重、三重唱など技巧を尽くす。ところが、栄芝は独吟。曲は「あやめ」大和楽の人気曲で舞踊会でよく出る。画家の尾形光琳が琳派をたてて、四百年の年。「燕子花図《かきつばた》」が代表作だ。「あやめ」これは構成作家、東龍男の提案だったろう。栄芝は「燕子花図」をもとにした着物を作っていた。箏に二代目米川敏子に出演してもらい、女性4人だけの舞台。銀屛風に紺毛氈。左右に紫と白のあやめを飾った。

栄芝の衣裳は、白地に左肩下から裾模様まで「燕子花図」。緑地、紫紺、金とあでやか。帯は佐賀錦。

〽**五月雨に　匂うあやめ　かきつばた……**
〽**八つ橋の　八つの迷いの　恋の辻**
〽**恥ずかしながら　袖と袖**
濡れて差しましょ　もあい傘

詞は長田幹彦《ながたみきひこ》。あの有名な「祇園小唄」の作者。宮川寿朗《としあきら》こと清元栄寿郎《えいじゅろう》の曲としっとりなじみ、女性の心を描いた。

寒い季節の終わり

第三部は再び本條秀太郎との端唄。「嘘と誠」から「わが恋は」まで6曲を唄い、栄芝曰く「ふぃなーれ」つまり「フィナーレ」に「さわぎ」をもってきて幕とした。衣裳は黄金《こがね》に近い黄色。普通の人には派手なのに、よく似合う。全体に大きな揚羽蝶が白で染め抜かれている。朝丘雪路デザインの着物かもしれない。

アンコールで初めて立ち姿。裾模様まで全身が見える。品がいい。疲れ切った様子はまったくなく、マイクを持って自ら感謝の花束を、人間国宝、堅田喜三久《かただきさく》に贈る。ほぼ毎回助演してくれた。年齢は三つ下とか。いまでは鬼籍に入ってしまった。そして大和櫻笙も呼び出すが、栄芝は花が大きすぎて持てない。「あなたとってよ」と贈られる本人に山台の花束を取らせてから贈る。こんなところがカワイイ。客席は笑いの渦。そして、三人目、笑顔いっぱいの本條と栄芝。「三味線弾きはやっぱり、いい唄い手次第で、熱がはいります」と最大の誉め言葉。特に「浮世の垢」はお互いに興奮したと語っていたし、栄芝は本條の最後の三味線で涙を抑えるのが大変だったと漏らした。それゆえか本條は「ふたりの寒い季節は終わりました」とまで発言した。

こうして、華やかな、そして思いのこもった金字塔が完成した。

「三十五年を終えたという思いは?」と、やはり聞きたくなる。

「あら、そんなこと、格別、アタシ思わないワ。だって、リサイタルの一日以外、わたしの364日は、これまでとかわんないんだもの」なるほど、仰せもっとも。前しか見ていない。それだからこそ、その後の十年の多くを、この章までに、びっしり書けたのだ。しかし、物語はまだまだ続く。栄芝の芸をはばむ、大事件がその十年の間におきることになる。

第二十二章

我慢するおんな

人生「初」入院

リサイタルのあとも、変わりない日常はこれまでどおり。

三越カルチャーセンター、NHK文化センター、パレスホテルでの稽古場はもちろん、自宅稽古が曜日ごとに決まっている。端唄教室と小唄教室も掛け持ち。代講はいない。できない時は補講するか、めったにないがお休みにする。つまり「栄芝」本人以外の「栄芝節教室」は存在しない。

毎年4月の「栄芝会」も開いていたし、春日会会長としての仕事もあり、演奏会のゲストに依頼されたり、テレビやラジオに出演したり……。

そして四年の月日が流れる。平成が令和にかわった2019年6月。思いがけない出来事があった。知らない間に骨折したのだ。ふだんはハンドバッグと書類入れの手提げを持って地下鉄にも乗る。腰も曲がっていない。杖を使うこともない。この日もいつもの稽古を日本橋で終え、浅草の自宅までタクシーに乗った。着いて降りたとたん、へなへなとなって歩けなくなった。

「あら　どうしちゃったのかしら」

何が起きたかわからなかったが、運転手さんの力を借りて自宅までたどり着いた。とにかく痛い。ソファでじっとしていたが、一時的なものではなさそう。即座に判断、救急車は呼ばず、以前転んで肩を脱臼した時の担当医を思い出し連絡。タクシーを自分で呼んだ。妹につきそってもらい、1時間半後には、蔵前の病院で受診。結果は「圧迫骨折」。背骨を傷めたらしい。高齢で骨がもろくなっていたのだろう。即刻入院。人生初の入院だった。小さいころから病気知らず。80歳で転び、右手と肩を痛めた時も、「アタシ　忙しいのヨ」といって入院せず自力で帰った栄芝だが、今回はそうはいかない。

「痛くて痛くて　しかたなかったの」

これは長くかかるだろうと、本人も覚悟し、頭を切り替えた。じたばたしたくても……じたばたもできない。稽古は休まざるを得ないが、中止できない門弟の会が11月と12月に予定されていた。

「曲なんかね、全部決めてあげないといけないのよ」

「それよかさ　入院してすぐ、もっと大変な約束をしちゃったの。国立劇場の出演依頼が来たのよ」

「よし、そうだ。これを目標に治そうと思ったのね。アタシってすごいでしょ」

90近い年齢もあり、全治6か月。入院は最低三か月は必要という。栄芝は片耳で聞きながら、自分で計画を練った。三か月入院していたら、仕事に穴が開く。しばらく休講の連絡。数日後からまず、弟子の会の計画からとりかかった。資料、書類一式をすべて持ち込み、病室の簡易テーブルに並べて「お仕事」。看護師さんもびっくりしていたとか。栄芝は風邪もひかないから薬やサプリメントをとる習慣もない。いまだから明かせるが、医者から処方された薬を飲まなかった。痛みは我慢して、我慢して、我慢した。

ある程度、動けるようになると、病院ではリハビリを始める。それをはじめは受けていたが、次第にエスケープ。自分なりに病院内を歩いたり、痛みを軽くする方法を考えていた。非常に前向きなのだ。90年、自分で自分の身体をケアしてきた。その自信とわがままが栄芝流。

その甲斐あって、本人曰く8月には退院。通院はしたが、リハビリには通わず、9月にはすべての稽古を再開した。同時に、一か月後の国立劇場公演に向け稽古も始めた。本條秀太郎は、その復活ぶりに目を丸くしていた。

これも、栄芝流なので読者にはお勧めしないが、自宅で行っていたリハビリ。それは「カイロ」と家事。骨折した痛いところに、ドラッグストアで大量に買い求めた「カイロ」を貼って治したのだと、ご本人がいうので信じるしかない。「あら冷やすのはダメなのよ」。家事で身体を動かし、見事、復帰を果たした。

かくして令和元年、10月を迎える。「浮世絵の音風景」という国立劇場主催の邦楽演奏会が目標だった。この公演は歌川広重の浮世絵「東海道五拾三次」を題材に、江戸時代の音風景をたどるもの。

4日と5日の公演。初日は長唄「吾妻八景」の日本橋から始まって、琵琶、常磐津、謡曲、と演奏が続き義太夫で大井川まで。二日目は一中節から始まる。舞台は遠州灘を見下ろす汐見坂の浮世絵。続いて新内、そして栄芝・本條コンビの端唄、そのあと地歌、三条大橋は箏曲が締めくくる。

国立劇場には毎年のように出てはいるが、国立劇場の主催公演は選ばれて出る特別なもの。端唄の栄芝では平成12年（2000）の「邦楽鑑賞会」以来、十年ぶり。小唄・春日とよ栄芝では平成17年が最後だったので、ベッドの上で出演を快諾した気持ちがよくわかる。

演奏したのは「五万石」「吹き寄せ街道」「桑名の殿さん」「伊勢音頭」に「正調伊勢音頭」。栄芝ファン、本條びいきにはたまらない曲並びだ。

こうみえても　我慢強いのョ

いつも明るく、お茶目でさっぱりの栄芝に、長い時間、話を聞いてきたわたしは、あらためて芸だけではない、栄芝の秘めた力を感じ取っていた。それは、見た目以上に「辛抱強い」ということだ。

少女時代から可愛がられ、チャンスに恵まれ、その「たて髪」をうまくつかんできたスターだが、逆風を本人はしっかり自覚しながら、慎重に行動していた。栄芝は抗《あらが》わず無理にアクションを起こさなかった。それは、「我慢の人」であり続けたからだ。

「アタシね、怒らないの。そりゃ、腹立つわよ。でもね、お弟子さんや、若い人なら、全部、聞いて上げるの。途中で、絶対、反論しないのよ」

「目上の人だったら、なおさらね。口論はしないの。議論はするわよ。でもね、喧嘩していいことひとつもないって、思い知ったから、ずっと我慢できるようになったの」

実は辛酸《しんさん》をなめる出来事を栄芝は若い時、経験している。それは最初の結婚の時だった。浅草でも有名なレストランに嫁いだ。見合い結婚だった。喜久屋も有名な仲見世の名店。ふさわしい縁組で盛大な披露宴をして家に入った。嫁いびりもなく。夫も美男で、栄芝の芸事にも理解があり、長唄三味線を弾かせたら、なかなかの腕前。ある意味、理想的な夫婦だった。

栄芝は芸事はやめて、家族の一員として誰より早く起き、レジをまかされ、看板娘ならぬレストランの顔として店の繁盛に貢献した。一家の要《かなめ》は、マダムの姑で、しっかり者。人柄もよく、栄芝をかわいがってくれたという。

しかし、この姑が病気になったことから、ぎくしゃくした家族関係が見えてきた。裕福なオーナーである舅も、跡取り息子も看病はすべて嫁にまかせて、遊興の街へ出かけていた。あきれるほど、自分勝手な人たちだった。店を栄芝に頼るようになってきた。そのうち姑の病が悪化。そのすべてが、栄芝の責任のようにいわれ、「おまえが悪い」「おふくろの看病が足りない」の日々。特に夫が味方になってくれなかった。優秀なコックがいたし、ケーキもお土産用に売れていた。経営もよかったはずだが、次第にそれも傾いてきた。

そばに実家があるが、泣きつくことはしなかった。ぎりぎりまで我慢して、結局、栄芝は家を出た。意地でも実家には戻らなかった。自分に非はないと信じていたし、だれにもいえない悩みや不満だから、それをぶつけることはできなかった。ただただ我慢。あれほどおしゃべりで、おっちょこちょいの栄芝は固く口を閉ざし、ひとりで三畳のアパートを借りた。トイレは共同。ただ着物、家具など、花嫁道具を実家に預かってもらい、もちろん居場所も伝えて、一人暮らしの新しい人生を23歳から見つけようとしていた。

栄芝の原点はここにあったかもしれない。その後、浅草周辺ではあるが、四畳半、六畳とアパートを変えながら、放送局にも通い、弟子を教え、華やかな演奏会にも出ていた。だれもが実家から通っているとばかり思っていた。

「あたしね、そんな暮らし、少しもイヤじゃないの。だってあれだけ信頼を寄せていた人たちに裏切られたでしょ。針の筵《むしろ》で暮らすより、自分のことだけ、考えればいいから」

「お母さんが、どんどん悪くなるのが、あたしのせいっていわれた時は、さすがに、もういいかって思いましたね。理不尽だわよねえ。それからですよ、どんなことにも我慢できるようになったのは」

いまはむかし、その店も、あっという間になくなり、関係者の多くが鬼籍《きせき》に入った。

最終章

わが恋は九十五周年！

こうして栄芝は90歳の坂を楽々と越えた。そこにコロナが立ちふさがっていたが、それまでにも戦争、離縁、死別、震災、二度の骨折と多くの峠を越えてきた。そして今も現役の演奏家、指導者として第一線で活躍を続けている。本書も通過点でしかない。

小唄春日会の会長就任から18年。春日会創立八十五周年、そして九十周年記念演奏会の陣頭指揮を執り、令和6年（２０２４）は九十五周年を迎えることになった。これまでは国立劇場という場があった。今回は三越劇場。しかし、栄芝自身が4月に開いている栄芝会、そして三十五回も連続開催したリサイタルでおなじみの劇場がその晴れ舞台となる。前の年から入念に準備を進めてきた。さすがというほかはない。

コロナの二年間は先が見えなかった。しかし栄芝は動いていた。住まいに近い自宅稽古場のリニューアルや、自宅の改装、引っ越しなど次々にこなしていった。まったく時間を無駄にしていない。もちろん大がかりな家具の移動以外は人手に頼らず、部屋の整理、押し入れや倉庫の膨大な資料や物品の片づけ、近いとはいいながらも10分歩いて荷物を運びこむ作業など、おどろくほど行動的な「おとしより」ではなく「超高齢者」の信じられない行動力である。春日会の資料整理も含め会長自らが範を示している。

新しくなった稽古場には栄「芝」色・ライトグリーンのカーペットが敷かれ、白い小椅子を用意。正座での稽古の前は、この椅子のおかげでしびれない。物をあれこれ飾らないので、清潔感いっぱいの明るい雰囲気だ。ただひとつ飾ってあるのは令和になって受けた（公財）松尾芸能振興財団から贈られた「松尾芸能賞特別賞」の盾。以前にも優秀賞を受け二度目の受賞となったことを、とても喜んでいた。

こうした稽古場は自宅も同様だからくつろいだ姿かと思いきや、いつものように劇場で見かける華やかな和服姿。お弟子さんたちもこの師匠の姿に、気持ちも引き締まっているだろう。これまでの、多くの聞き取りはこの部屋で行ってきた。そして、ここで三味線を弾いてもらったり、口ずさんでもらったりもした。ぜいたくな体験を独り占めした。前章のような、聴きにくい話も臆することなく教えてくれた。人生のベテランの語り口は、あいかわらずなめらかで、人を引き付ける。

これまで、さまざまな曲から栄芝節を探ってきた。小唄、端唄、大和楽《やまとがく》、地唄……。いくらでも引き出しがある栄芝に一曲を選んでもらうのは、やめようと思ったが、ふと初めのころ聞いていた藤本琇丈《ひでお》に褒められた曲を忘れてしまったので、聞き直したら端唄「わが恋は」だった。わたしね、猿若先生と本條さんの「浮世の垢」も好きだけど、一曲だったら、これかしらね。

第二章で「うき世道成寺」のくだりで「わが恋は」を紹介している。この曲をあんこにして、猿若清方が自作に挿入した。もちろん、本條が知悉《ちしつ》している。その言葉を聞いてから、リサイタルのプログラムを見返して驚いた。いや、ビックリした。栄芝はレパートリーが広いので、毎回、違う楽曲を選んでいる。駒井邦夫という演出家も、構成作家、東龍男も全体を見ているので重複がないよう心掛けている……とばかり思っていたが、違ったのだ。

特に第三十一回から第三十五回までの、最後の五回に限っていえば異常に多い。第三十一回端唄「上方の華」、第三十二回「座敷唄」、第三十四回「ゆき・吉原・まつり」そして最終回「端唄・絆・はなれがたい」なんと四回も唄っている。無意識に「好き」がはっきり記録されている。しかも、違いをしっかりつけている。

わが恋は

〽**わが恋は　細谷川の　丸木橋**
渡るにゃ**怖**し　**渡**らねば　**想**うお**方**に　**逢**わりゃせぬ

この唄いだしは四回とも唄っている。特に三十四回はこれだけ。だが三十一回と三十二回は「上方」を意識して二番が、

〽**わが恋は　住吉浦**《すみよしうら》**の　夕景色**
ただ　あおあおと　まつばかり　**待**つは　ういもの　つらいもの

住吉は難波《なにわ》の海辺。松並木は「あおあお」と青い。これに「逢おう」をかけ、「松」から「待つばかり」恋人を待つ身をうたったラブソング。これは駒井を通じて京、大坂、いわゆる上方の座敷唄から学んだ節を意識している。最終回の二番は違う。

〽**春風に　そよとあがりし　奴だこ**
骨が折れよが　くだけよが　人の　しゃくりじゃ　折れやせぬ

凧の骨は折れても恋する気持ちは折れない。これも恋する心を案じる一番と、うまくあった江戸バージョン。この最後だけ三味線が本條秀太郎。ここに栄芝の真意を読み解くことができる。

最終回の構想を振り返れば、本條とでなければ唄えない、大好きな曲「浮世の垢」で唄い始め、この「わが恋は」で本條と締めくくりたい。そのためのタイトル「絆」であり「はなれがたい」なのだ。

「わたしね、辞書引いて考えたの。そんなことするの初めてヨ。〃絆〃って調べたら、〃離れがたい関係〃って、あるのよね。だから、つけてみたの、なんか勘が働いたのネ」

最後が「さわぎ」。まさしくフィナーレにふさわしい、賑かな曲なので「わが恋は」が、実質の唄い収めだったのだ。

かくも、好きな「わが恋は」とはどんな端唄なのか。研究者でもある本條に教えてもらった。

「これは〃お座つけ〃なんです。吉原の座敷での言いかた。他では〃お座つき〃ともいうんですが、客が座敷に揃ってから、宴会を始める一番最初に芸者衆が唄い、弾く曲なんです」

「特に、奴凧が出てくるものは、お正月の座敷。七草の間、どこかでかならず唄われます。長崎の丸山と新潟県の岩室《いわむろ》で伝承されています。全国各地で唄われ、節も少しずつ違うんですよ」

さすがに本條は詳しい。その節の難しいものを座ってではなく、かつてスタジオで立って唄った栄芝。一般家庭の娘ながら浅草の地で日本舞踊を学んだことから自前の鬘《かつら》も持っていた。それをつけて、NHKのスタジオの生放送で唄う度胸。それを褒めたのが本條の師匠ということも素晴らしい縁《えにし》だ。

本條は藤本の家に内弟子で入った。実母はいつも「捨て目」で学びなさいといっていたという。見たもの聞いたもので無駄なものはないというおしえ。もちろん音曲や三味線についてはそうだが、部屋にあるものやその置き場所、資料のあるところ、日常生活の備品……。なんでも捨て目で覚えたという。そんな引き出しが「浮世の垢」の吹き寄せを見事につなげる作曲の力になり、さらにうわまわる引き出しを持っている先代猿若清方とは切磋琢磨し、多くを学んだという。名人三人が出会った記録。これが栄芝の一代の芸を生み出したとわかった。

とにかく唄うことが大好き。唄いたい、唄う……。その思いが、これからも、まだまだ続く。そんなことを書くと、またこういわれそうだ。

「あらヤダ、あたし　恥ずかしいわよ……」

了

吉例春日慈善会で披露した舞踊（昭和39年／三越劇場）

お礼の言葉

栄芝／春日とよ栄芝

みなさま栄芝でございます。このたびは、お読みいただきありがとうございます。思いがけなく、この一冊が世に出ることになり、恥ずかしいやらきまり悪いやらですが、あらためて自分の人生を振り返り、小唄、端唄が本当に好きで歩んできた一生なのだと感じました。

葛西さんがユーモアを交えて書いてくださったので、ついつい、余計なことまでお話ししてしまいましたけれど、みんな本当のことです。実にいろいろな出来事があって、今日に至りました。

若いころは、とにかく声が出ましたから、唄うことが楽しくて仕方ありませんでした。でもそれだけでは成長しません。年を重ねるごとに工夫し、研究する喜びを覚えました。それも楽しい。大変だ、いやだなどと思ったことはありません。今でもお弟子さんに稽古していて気づくことがあるのです。だから、わたしのCDを聞いてお勉強しているみなさんに、それとは違う新しい研究成果をお教えする中で、逆に自分が教えられることがあります。稽古内容は秘密ですが、ひとつお教えすると、歌詞の解釈がわたしは深いと思います。それをどう表現していただくかです。

「記憶力がいいですね」と葛西さんにいわれますが、私でしかありえない、いろいろな経験ができたからです。それは忘れません。すべて仕事だからです。いろいろな場所で、いろんな方と出会いがあり、それが続いて、私の中では一つのことになっているからでしょう。ただし、遊びのことは覚えていません。第一わたしは遊びません。温泉にも海外旅行にもいきません、麻雀もしません。昔のお師匠さんがたは、よく麻雀卓を囲んでいました。お正月などはホテルに泊りがけでなさっていました。ゴルフもしません。

唄は好きですがカラオケはしません。お弟子さんとの親睦会にはバンドを呼んで、みなさんに歌謡曲やジャズも唄ってもらいましたが、わたしは聴いて楽しむだけ。みなさんが喜ぶ姿を見るのが楽しいのです。好きな歌い手さんは高橋真梨子さんと玉置浩二さんです。意外ですか？

なにしろ仕事をしているのが楽しくて仕方がないのは本当です。自分が演じなくても、春日会の仕事をしたり、お弟子さんの会の準備をすることもうれしいのです。舞台に出る時、幕が開く直前、わたしはコンパクトをのぞきます。みなさんはパフで顔をなおすと思うでしょうが違います。それは襟と胸元を見ているのです。それと帯締め。客席からどう見えるか、もちろん演奏が第一ですが舞台は夢を見る場所。いい舞台を見て学んだことです。

わたしが、いきいきできるのは端唄をやっていたからです。小唄と端唄は違います。両方学ぶことで表現力を工夫できたかもしれません。

なんでこんなに、忙しいのかしらと悩むほど、いっぱい抱え込んでしまいますが、内心、その忙しさを楽しんでいる自分に気づいています。だから疲れないんですね。気分の切り替えも得意です。何時《なんじ》までにこれをして、だらだらせず、切り上げて次は……と計画を立てることも好きなんです。

ありがたいことに、お弟子さんに囲まれて幸せです。特色は「女性天国」。もちろん男性のお弟子さんもいますが、日本の政界、財界のお弟子さんを取らなかったこともこだわりですね。逆に女性経営者もたくさんいらっしゃいますが、みなさんこつこつ通ってくださいます。独立して十年で三越劇場での一門会を開くことができ、毎年、今でも続けていられるのが自慢です。

栄芝の名前を選んだ時、母が「おばあさんみたい」と笑ったんですが、地に芝が根を張るように活動してお弟子さんを増やしたいと思ったから芝にしました。いま、そのとおり、弟子、孫弟子……どんどん増えて師範のみなさんも頑張っています。ですから新しい自宅稽古場は「芝色」黄緑のカーペットです。願い通りの人生を歩んでこられました。90歳過ぎても、この楽しい気持ちはかわりません。春日会も今年が九十五周年。いい記念になりました。

伝統の三味線音楽では長唄や清元が重要無形文化財に指定されています。そうした伝統から派生した端唄や小唄はまだ、その認知を得ていませんが、春日だけでなく他流のお師匠さん方の技は、洗練されて、奥行きの深い芸があります。短い音楽の中に唄や浄瑠璃の味わいがぎゅうっと詰まっている。決して短いから簡単な芸ではありません。お素人さんが稽古しやすい敷居の低さはありますが、奥行きは深く、知れば知るほど古典の魅力がつまっています。

不遜ですが、これからのわたしの役目はそうした、世間の考え方への挑戦も含め、愛好しているみなさんと協力して小唄、端唄の世界を高めていくことだと思っています。

みなさんも興味を持たれたら、ぜひ、ＣＤを聞いたり、演奏会にお出かけください。もちろんお稽古も。この本がそんな、きっかけになれば、この上の喜びはありません。

ありがとうございました。

令和6年4月18日　　92歳の誕生日に

栄　芝

栄芝／春日とよ栄芝（えいしば・かすがとよえいしば）略歴

＊この略歴は、「舞踊小曲集／春の宵 唄つれづれに」（栄芝・2024年）掲載の略歴をもとに作成しています。

略歴

昭和7年（1932）4月18日、東京・浅草に誕生。6歳で日本舞踊をはじめ、14歳で長唄を六代目杵屋勝五郎に師事。20歳で小唄を春日とよ栄に師事、27歳で春日とよ栄芝の名を許される。

昭和35年（1960）、第一回栄芝会（栄芝一門の会）開催。以後、現在まで毎年春に三越劇場で連続開催。

昭和45年（1970）、クラウンレコード専属となる。

昭和55年（1980）、ビクター専属となる。この年より、栄芝のリサイタル「栄芝の会」を毎年開催。35回公演をもって終了。

平成19年（2007）、一般財団法人小唄春日会　第八代会長に就任。

令和6年（2024）4月3日、73枚目のアルバム「舞踊小曲集 春の宵 唄つれづれに」（栄芝）を発売。

受賞歴

昭和62年（1987）、NHK面白ジャーナル個人受賞

平成元年（1989）3月、第10回松尾芸能賞「伝統芸能優秀賞」受賞

受賞理由　小唄端唄を現代人にも深く共感してもらえるような美しい説得力ある唄い方で唄うだけでなく、新しい唄に積極的に取り組み、ジャンルを越えた新しい日本の唄のあり方に貴重な成果を上げた。

近年発売され購入できるCDアルバム

「ほたる茶屋／春日とよ栄芝の小唄」発売元：公財）日本伝統文化振興財団（2017年）

「樋口一葉／春日とよ栄芝の小唄」発売元公財）日本伝統文化振興財団（2018年）

「祇園灯ろう／春日とよ栄芝の小唄」発売元：公財）日本伝統文化振興財団（2019年）

平成5年（1993）1月、平成4年度第47回文化庁芸術祭音楽部門「芸術祭賞」受賞。
受賞理由　第13回栄芝の会（第一部 江戸端唄「隅田風景」、第二部 端唄の組歌風「紀伊の国」）歌唱成果。同年、ビクターゴールドディスク賞受賞。
平成7年（1995）、浅草公会堂のスターの広場「手形顕彰者」受賞。
平成12年（2000）10月、第20回「伝統文化ポーラ賞」受賞
受賞理由　端唄・小唄の伝承と振興の成果。
平成15年（2003）12月、第45回日本レコード大賞「企画賞」受賞
受賞理由　ジャズトランペッター近藤等則とのコラボレーションによるCDアルバム「The 吉原」の成果。
令和2年（2020）3月、第41回松尾芸能賞「特別賞」受賞
受賞理由　27歳で小唄、春日とよ栄芝の名を許されてから頭角を現し、栄芝名での端唄の一流も立て、自身の「栄芝会」は昨年で60回開催を数える。リサイタル「栄芝の会」も35年連続開催し、小唄端唄界の第一線で活躍し続けている。天性の美声に加え、歯切れの良さや情緒、深い作品理解から「栄芝節」ともいうべき芸風を確立している。流派の枠を超え邦楽界を代表する実力者である。

芸　名—小唄　春日とよ栄芝　端唄　栄芝（栄芝流家元）
大和楽　山下喜久子　長唄　杵屋三重勝
俚奏楽　俚奏栄芝ひで　地唄　富清栄芝

稽古場—三越カルチャーサロン　小唄教室、端唄教室
NHK文化センター　小唄教室、端唄教室

「端唄でつづる旅（前篇）／栄芝の端唄（ライブ音源）」発売元：公財）日本伝統文化振興財団（2020年）

「端唄でつづる旅（後篇）／栄芝の端唄（ライブ音源）」発売元：公財）日本伝統文化振興財団（2023年）

「舞踊小曲集／春の宵　唄つれづれに　栄芝」発売元：公財）日本伝統文化振興財団（2024年）

栄芝／春日とよ栄芝　ディスコグラフィー

＊メディア・商品在庫の記号については、ⒶＬＰレコード・Ⓑシングルレコード・Ⓒカセットテープ・Ⓓシングルカセット・ⒺＣＤ・ⒻシングルＣＤ・Ⓖビデオ・Ⓗ音楽配信（購入可能）・◉在庫あり（購入可能）を表しています。

	発売日	商品タイトル	収録曲目	メディア　商品在庫
1	1980　4／21	小唄の粋　春日とよ栄芝の魅力	松竹に　ほか20曲	Ⓐ
2	1980　9／21	正調博多節／長崎さわぎ	正調博多節（「博多小女郎浪枕」入り）、長崎さわぎ（わらじ酒）	Ⓑ
3	1980　12／20	春日とよ栄芝の魅力（1）	京の女　ほか5曲	Ⓒ
4	1980　12／20	春日とよ栄芝の魅力（2）	雪の十日町　ほか5曲	Ⓒ
5	1982　3／21	春日とよ栄芝の魅力（3）	雨の浅草　ほか5曲	Ⓒ
6	1982　7／21	とうろう／伊達さんさ	とうろう〜「山鹿とうろう踊り」によせて〜、伊達さんさ	Ⓑ
7	1983　3／21	春日とよ栄芝の魅力（4）	ほたる茶屋　ほか5曲	Ⓒ
8	1984　4／21	栄芝の端唄	初春（「さわぎ」入り）　ほか13曲	Ⓐ
9	1984　6／13	杉浦翠女小唄作品集	春の足音　ほか5曲	Ⓒ
10	1985　4／21	暁の鐘／春日とよ栄芝の小唄	暁の鐘　ほか4曲	Ⓒ
11	1985　6／21	栄芝の端唄（2）	高砂　ほか13曲	Ⓐ
12	1986　3／5	栄芝の端唄（3）	お江戸日本橋　ほか13曲	Ⓐ
13	1987　1／21	うき世道成寺／椿慕情	うき世道成寺、椿慕情	Ⓑ
14	1987　4／21	栄芝の端唄（4）	縁かいな　ほか15曲	Ⓐ

15	1988 4/21	栄芝の端唄（5）	紀伊国　ほか13曲	Ⓐ	
16	1988 10/21	浮かれひょうたん／雨の月	浮かれひょうたん、雨の月	Ⓑ	
17	1989 3/21	栄芝の端唄（6）	初春（「さわぎ」入り）　ほか13曲	Ⓒ	
18	1990 4/21	江戸さわぎ／五島ハイヤ節	江戸さわぎ、五島ハイヤ節	Ⓓ	
19	1990 5/21	栄芝うたふ／端唄・地方座敷唄	京の四季　ほか12曲	Ⓒ	
20	1991 3/21	春日とよ栄芝の小唄	春の夢　ほか22曲	Ⓔ	
21	1991 5/21	春日とよ福美・春日とよ年 小唄作品集	初詣、通り雨、夜遊び	Ⓒ	
22	1991 12/16	雪の山中／阿波のうずしお	雪の山中、俚奏楽　阿波のうずしお～ 「阿波おどり」によせて	Ⓕ	
23	1992 3/21	春日とよ栄芝の小唄（2）	京なまり　ほか19曲	Ⓒ	
24	1993 5/21	栄芝の端唄「第十三回栄芝の会」より 平成四年度文化庁芸術祭受賞記念	紀伊の国　ほか19曲	Ⓒ	
25	1994 3/24	栄芝の端唄／端唄でつづる旅	お江戸日本橋　ほか16曲	Ⓒ	
26	1995 3/24	春日とよ栄芝の小唄（3）	仲町月夜　ほか20曲	Ⓒ	
27	1996 3/23	栄芝の魅力	二上り甚句　ほか17曲	Ⓔ	
28	2003 5/14	The 吉原（栄芝×近藤等則）	淡雪 Awayuki　ほか8曲	Ⓔ	
29	2004 4/02	いろもよう（栄芝）	有明　ほか16曲	Ⓔ	
30	1997 2/21	ひとり幻	ひとり幻	Ⓕ	●
31	1997 2/21	ひとり幻	ひとり幻	Ⓓ	
32	1997 3/5	舞踊のおけいこ・朝丘雪路篇（1） （正調博多節／びんのほつれ）	正調博多節、びんのほつれ	Ⓓ	

33	1997/3/5	舞踊のおけいこ・朝丘雪路篇（2）（さのさ／縁かいな）	さのさ、縁かいな	Ⓓ	◉
34	1997/3/5	舞踊のおけいこ・朝丘雪路篇（3）（春雨／春は嬉しや）	春雨、春は嬉しや	Ⓓ	◉
35	1997/3/5	朝丘雪路 舞踊のおけいこ（1）正調 博多節「博多小女郎浪枕」入り／びんのほつれ	正調 博多節、びんのほつれ	Ⓖ	
36	1997/3/5	朝丘雪路 舞踊のおけいこ（2）さのさ／縁かいな	さのさ、縁かいな	Ⓖ	
37	1997/3/5	朝丘雪路 舞踊のおけいこ（3）春雨／春は嬉しや	春雨、春はうれしや	Ⓖ	
38	1997/4/9	ビクター邦楽名曲選10 端唄名曲集	初春（「さわぎ」入り）ほか4曲	Ⓔ	
39	1997/4/9	春日とよ栄芝の小唄（4）	大川や／苗売り／明日はお立ちか〜峠／蛍狩り／月天心／梅に鶯／春霞浮世は／つたかづら／お七／ちょうさや／辰五郎／お梶／知らないうちに／川竹の／鳥影に／露は尾花／色とえ／味／朝顔の／かまわぬ／彼の人の／除夜まいり	Ⓒ	◉
40	1998/4/1	栄芝／端唄の魅力	初春（「さわぎ」入り）／初出見よとて／十日戎／春雨／薄墨／槍さび／忍ぶ恋路／から傘／わがもの／紅葉の橋／萩桔梗／茄子とかぼちゃ／わしが国さ／縁かいな／夕暮／二上り角力甚句	Ⓒ	◉
41	1998/7/21	栄芝／端唄の魅力（2）	紀伊の国／雪のだるま／今朝の雨／びんのほつれ／秋の夜／薩摩さ／好いた同士／雪は巴／嘘と誠／ずぼら／御所のお庭／館山／芝で生まれて／花のくもり／二上り都々逸／梅は咲いたか	Ⓒ	◉

42	1993/3/25	栄芝／端唄の魅力（3）	松づくし　ほか13曲	Ⓒ	
43	1998/8/21	BESTみんよう（正調博多節／おてもやん）	正調博多節（「博多小女郎浪枕」入り）	Ⓒ	◉
44	1999/9/30	栄芝／端唄の魅力（4）	俗曲忠臣蔵十二段返し（企画：駒井浩昭）ほか9曲	Ⓒ	
45	2000/4/6	栄芝の魅力	初座敷／一夜明くれば／色の軽わざ／粋な二上り三下り／夜さくらや（酒のきげん）／むぎわらの／今朝の別れ／萩の小みち／見えぬ浅間／もゆる紅葉／はじめて逢った／これ泊らんせ／獅子ほんかいな／綱は上意／書き送る／大津絵／海晏寺／深川くづし／二上り新内／二上りさのさ	Ⓒ	◉
46	2001/4/25	雪の山中／栄芝	俚奏楽 雪の山中／椿慕情／隅田の流れ／うき世道成寺／伊達さんさ／雨の月／俚奏楽 とうろう「山鹿とうろう踊り」によせて／俚奏楽 阿波のうずしお	ⒺⒽ	◉
47	2002/4/6	栄芝の魅力（2）	末摘花（その1）、末摘花（その2）ほか19曲	Ⓒ	
48	2003/8/25	ビクター新舞踊基準曲集《基礎編》第1巻 下　舞妓はん／紅葉の橋	紅葉の橋	Ⓓ	◉
49	2003/8/25	ビクター新舞踊基準曲集《基礎編》第3巻 上　雪伝説／夕暮れ	夕暮れ	Ⓓ	
50	2003/8/25	ビクター新舞踊基準曲集《基礎編》第1巻　さくらさくら／紅葉の橋／萩桔梗／舞妓はん	紅葉の橋	Ⓖ	
51	2003/8/25	ビクター新舞踊基準曲集《基礎編》第3巻　白虎隊／雪伝説／夕暮れ／お七吹雪	夕暮れ	Ⓖ	
52	2005/3/28	栄芝の魅力（3）	磯浜かっぱ　ほか13曲	ⒺⒽ	

53	2005 7／6	復刻・新編 小唄ベスト120（5枚組）	落人の色香／雨の浅草	Ⓔ	◉
54	2006 3／24	春日とよ栄芝／舞踊小唄春夏秋冬	白扇／門松／梅一輪／五万石／竹は八幡／どうぞ叶えて／笠森おせん／佃流し／春霞（引くや）／夜桜や／五月雨や／神田祭（勢い肌）／六段くづし／上汐／川風／都鳥／秋の七草／虫の音／露は尾花／せかれ／心でとめて／初雪／雪のあした／お互いに	ⒺⒽ	◉
55	2007 3／21	花の明け暮れ／春日とよ栄芝の小唄	花の明け暮れ／木曽しぐれ／一座から／みよしの（鮨屋）／若水／因果同志／外はしっとり／十二の橋／衣更え／遠花火／浮き沈み／涼み台／蝉時雨／つれないと／つれなくするのも／このように／神だのみ／念がとどいて／まかせたからは／京の女／地廻りは／相性／嵯峨の秋／われが栖所／手古舞姿	ⒺⒽ	◉
56	2008 3／26	寿づる／春日とよ栄芝の小唄	寿づる　ほか19曲	ⒺⒽ	
57	2009 6／24	難波屋おきた／春日とよ栄芝の小唄	難波屋おきた／なんのへちま／さくら雨／夢の吉原／浮気同志／すねて／ほたる茶屋／阿保鳥／木小屋／櫓下／あごで知らせて／明日は浮名／中洲の思い出／明日はお立ちか～峠／めぐる日の／春立つや／時雨茶屋／わしが思い／茶の科か／浅黄染／待ちわびて／こうもり／向島名所	ⒺⒽ	◉
58	2010 3／31	おりき／春日とよ栄芝の小唄	おりき／宝船／裏戸たたいて／七福神／梅が枝さん／春風がそよそよと／雨宿り／江の島／春風はほんとに／狐踊り／雨の浅草／湯上りの肌に／廻り燈籠／土手にとびこう／伊勢音頭／菊の香や／逢うは別れ／	ⒺⒽ	◉

			逢うて嬉しや／桐一葉／京の顔見世	
59	2010 7／7	小唄まるかじり（2枚組）	打ち水	Ⓔ ◉
60	2011 3／30	通り雨（「深川三題」のうち）／春日とよ栄芝の小唄	高島おひさ／松島／梅雨もよい／朝顔／女役者／秋風誘う／夜桜紀文／満月や／逢うて別れて／迷い酒／いわぬは云うに／紺の前だれ／舞踊小唄「深川三題」初詣／舞踊小唄「深川三題」通り雨／舞踊小唄「深川三題」夜遊び	Ⓔ Ⓗ ◉
61	2012 3／28	春日三番叟／春日とよ栄芝の小唄	春日三番叟／豊年の雪は／あけぼのに／まゆ玉や／竹に雀（浮きふしに）／おちこちに（助六）／春の足音／とめてもかえる／ぬれて来た／勧進帳（月の都）／有明の／とがめなば（権九郎）／豆しぼり／ままならぬ／二日待たせて／築地明石町／逢えるあてさえ／鳥影に	Ⓔ Ⓗ ◉
62	2013 4／3	お江戸日本橋／栄芝の端唄	お江戸日本橋／初春（「さわぎ」入り）／重ね扇／深川節／有明／宇治茶／淡雪／姫三社／二上り新内／奴さん／槍さび／さのさ／玉川／有馬湯女節／大津絵／わがもの／祇園小唄／御所車（香に迷う）／米山づくし／氷面鏡	Ⓔ Ⓗ ◉
63	2014 3／19	古典芸能ベストセレクション 名手・名曲・名演集「端唄」（2枚組）	初春（「さわぎ」入り）／わがもの／御所車（香に迷う）／有明／祇園小唄／紀伊の国／嘘と誠／深川くずし	Ⓔ ◉
64	2014 3／26	芝で生まれて／栄芝の端唄	芝で生まれて／梅は咲いたか／花は上野／浅草参り／縁かいな／柳の雨／忍ぶ恋路／深川くづし／綱は上意／から傘／書き送る／梅にも春／フイトサ節／松づくし／かっぽれ／二上り角力甚句／萩桔梗／米山甚句／わしが在所／鹿児島三下り／紅葉の橋	Ⓔ Ⓗ ◉

65	2015 3/25	木遣りくづし／栄芝の端唄	木遣りくづし　ほか19曲	Ⓔ Ⓗ
66	2015 9/23	博多の四季・日向木遣り唄	博多の四季	Ⓓ ◉
67	2016 3/23	蓬莱／栄芝の端唄	蓬莱／春風がそよそよと／十日戎／紀伊の国／御所のお庭／薄墨／棚のだるま／好いた同士／二上り都々逸／嘘と誠／茄子とかぼちゃ／花のくもり／今朝の雨／海晏寺／流しの枝／雪は巴／春は嬉しや／女のみれん／二上りさのさ／萩や尾花／白酒	Ⓔ Ⓗ ◉
68	2017 3/29	ほたる茶屋／春日とよ栄芝の小唄	ほたる茶屋／京なまり／かわず／雪の十日町／思うほど／すっぽかし／折よくも／淀の車／一の谷／三つの車／雪はしんしん／人と契るなら／書き送る／踊る翁／昔隅田に／橋本へ／目見得初めし／雪の街	Ⓗ ◉
69	2018 3/28	樋口一葉／春日とよ栄芝の小唄	樋口一葉／いつしかに／知らないうちに／置炬燵／川竹の／逆さぼうき／彼の人の／橋わたし／白菊／ほととぎす（自由自在）／鶴次郎／お梶／色とえ／苗売り／秋の七草／除夜まいり／つたかずら／春霞浮世は	Ⓔ Ⓗ ◉
70	2019 3/20	祇園灯ろう／春日とよ栄芝の小唄	祇園灯ろう／仇咲きや／初座敷／それですもうと／ほそぼそと／うがいのあと／夜桜や（酒のきげん）／浦里／当り玉／夕立や（田を）／萩の小みち／無理な首尾して出先から／むぎわらの／今朝の別れ／筆のかさ／縁があったら／仲町月夜	Ⓔ Ⓗ ◉
71	2020 4/1	端唄でつづる旅（前篇）／栄芝の端唄（ライブ音源）	お江戸日本橋／峠茶屋／川止め／遠州浜松／伊勢土産（俚奏楽）／祇園小唄／堀江盆唄	Ⓔ Ⓗ

72	2023 3/29	端唄でつづる旅（後篇）／栄芝の端唄（ライブ音源）	有馬湯女節／阿波のうず潮（俚奏楽）／どんがらがん／大乗寺／奥山に／螢茶屋（俚奏楽）／ポンポコニャ節／キンニョムニョ／キンキラキン／鹿児島三下り	Ⓔ	◉
73	2024 4/3	舞踊小曲集／春の宵 唄つれづれに／栄芝	春風ソーラン／博多みやげ／米山こいしや／音もせできて／天竜しぶき／花の田原坂／鈴鹿時雨／播磨屋橋／関の女夫松	Ⓔ Ⓗ	◉

【発売元】1〜29：ビクターエンタテインメント株式会社
30〜73：公益財団法人日本伝統文化振興財団

＊30〜73の発売元である公益財団法人日本伝統文化振興財団は、ビクターエンタテインメント株式会社を企業元として1993年に設立された。

商品在庫および音楽配信状況は2024年2月時点のものです。
作成：大野壽子

葛西 聖司（かさい・せいじ）

東京都生まれ。NHKアナウンサーとしてさまざまな番組を担当。
その経験を生かし、歌舞伎、文楽、能狂言、邦楽など古典芸能の解説や講演、セミナーなどを全国で行い、早稲田大学公開講座やNHK文化センター、朝日カルチャーセンターの講師をつとめる。（公社）日本演劇興行協会理事、日本演劇協会会員（評論）。著書に『名セリフの力』（展望社）、『教養として学んでおきたい歌舞伎』『教養として学んでおきたい能狂言』（マイナビ出版）、『僕らの歌舞伎』（淡交社）など単著・共著ともに多数あり。

日本音楽著作権協会（出）許諾第2402851-401号

わが恋は　栄芝 一代の芸

2024年6月2日　初版発行

著　者　栄芝
発行者　伊住公一朗
発行所　株式会社淡交社
本社　〒603-8588　京都市北区堀川通鞍馬口上ル
営業　075-432-5156　編集　075-432-5161
支社　〒162-0061　東京都新宿区市谷柳町39-1
営業　03-5269-7941　編集　03-5269-1691
www.tankosha.co.jp

題字　堀田純子
ブックデザイン　雨柳デザイン 佐々木まなび
印刷・製本　中央精版印刷株式会社

ISBN 978-4-473-04595-9